JN213266

ケース
スタディ 日本版

司法取引制度

弁護士
齊藤雄彦
監 修

弁護士
三浦亮太・板崎一雄
編 著

会社と
社員を守る術
平時の備え・
有事の対応

ぎょうせい

はしがき

　米国などにおいて「司法取引」という制度があることをご存知の方は多いと思います。日本でも2016年5月24日に成立し2018年6月1日に施行された「刑事訴訟法等の一部を改正する法律」において「『日本版』司法取引制度」と呼ばれる協議・合意制度が導入されました。実際に本書執筆時点において三菱日立パワーシステムズ株式会社を舞台とした贈賄事件や日産自動車株式会社を舞台とした有価証券報告書虚偽記載事件について司法取引が行われたとされています。

　この協議・合意制度ですが，「『日本版』司法取引制度」など「日本版」といった文言が付加されるように海外の制度とは異なる点があります。大きな相違点としては，自己の刑事事件を認めることにより恩恵を享受する「自己負罪型」と呼ばれる類型が存在せず，他人の刑事事件について協力して自己の刑事事件について恩恵を享受する類型のみであることと，特定の財政経済犯罪や薬物銃器犯罪のみが対象とされていることです。

　この特定財政経済犯罪には，特別背任などの会社法違反，談合などの独占禁止法違反，粉飾決算などの金融商品取引法違反，外国人公務員に対する贈賄などの不正競争防止法違反，脱税などの租税法違反といった典型的な企業不祥事が含まれます。

　企業が刑事事件について処罰された場合，罰金のような直接的な負担のほかに指名停止等の措置を受ける可能性もあり，その場合，取引機会を逸するといった損害が生じる可能性もあり，また，多数の逮捕者や捜索などを伴う長期の捜査を受けることによるレピュテーションの毀損も想定されます。司法取引制度を適切に活用するこ

とにより，企業に生じるこれらの損害を回避できる可能性があります。

　本書では，司法取引制度の概要について説明するとともに，主体的に司法取引制度を活用する局面と他社が司法取引制度を活用したために司法取引に巻き込まれた局面に分けてポイントを説明しています。

　企業担当者にとって重要なことは，検察官が協議・合意を希望するに値する情報を適時適切に把握することです。本書では平時の備えとして，万が一不正・違法行為が発生した場合も早期に発見・対応できる体制の整備について説明しています。

　本書が協議・合意制度に対する企業担当者の理解を深め，平時の備えにあたっての参考になれば幸いです。

　なお，本書は若手弁護士が中心となって執筆しましたが，私を含めて企業刑事事件の経験が不足する点について，最高検察庁検事，各地方検察庁検事正，高松及び広島各高等検察庁検事長などを歴任されて現在堂島法律事務所に所属されている齊藤雄彦弁護士に随所にわたり指導をいただき，また，コラムにもご寄稿いただきました。もとより本書の記述は私がすべての文責を負うものですがこの場を借りて深く御礼申し上げます。

　また，本書の執筆にあたって多大なるお力添えをいただきました株式会社ぎょうせいの皆様に深く御礼申し上げます。

2019年11月

弁護士　三浦　亮太

執筆者一覧

【監修者】

齊藤 雄彦（さいとう・ゆうひこ）　堂島法律事務所
　　1983年　検事任官（修習35期）
　　2018年　広島高等検察庁検事長を最後に退官，同年弁護士登録
　　［COLUMN5・6］

【編著者】

三浦 亮太（みうら・りょうた）　三浦法律事務所
　　2000年　弁護士登録（修習52期），森綜合法律事務所（現　森・濱田
　　　松本法律事務所）入所（〜2018年）
　　2007年　森・濱田松本法律事務所 パートナー（〜2018年）
　　2019年　三浦法律事務所パートナー
　　［Ⅰ］

板崎 一雄（いたざき・かずお）　三浦法律事務所
　　2002年　弁護士登録（修習55期），西村あさひ法律事務所，法務省，公
　　　正取引委員会審査専門官（主査），シティユーワ法律事務所等を経て
　　2019年　三浦法律事務所パートナー
　　2018年〜　公正取引委員会競争政策研究センター（CPRC）客員研究
　　　員（現任）
　　［Ⅱ，　Ⅴ2case10・11，COLUMN1〜3］

【執筆者】

栃尾 安紀（とちお・あき）　T&Tパートナーズ法律事務所
　2006年　弁護士登録（修習59期），森・濱田松本法律事務所を経て
　2010年　T&Tパートナーズ法律事務所入所，2016年パートナー就任
　2018年〜　慶應義塾大学法務研究科（法科大学院）准教授
　［Ⅲ，Ⅵ］

田邉 愛（たなべ・あい）　弁護士法人堂島法律事務所東京事務所
　2011年　弁護士登録（修習64期），堂島法律事務所入所
　2017年1月　財務省関東財務局証券検査官
　2018年1月〜6月　内閣府事務官（証券取引等監視委員会事務局検査官）併任
　2019年　弁護士法人堂島法律事務所入所
　［Ⅳ，Ⅴ2case7〜9］

畔山 亨（あぜやま・とおる）　弁護士法人樋口国際法律事務所
　2015年　弁護士登録（修習67期），弁護士法人樋口国際法律事務所入所
　2016年〜　東京弁護士会国際委員会委員
　［Ⅴ1・2case4〜6，COLUMN4］

Ⅲ 司法取引に対する平時の備え

Ⅵ　司法取引に巻き込まれたとき

参考資料

C O L U M N

I

10分でわかる司法取引

　あなた（X）は甲会社の代表取締役です。甲会社は，日本国内の乙会社，丙国の企業である丁会社とともに，丙国において業務提携により事業を行っていましたが，甲会社従業員A・乙会社従業員B・丁会社従業員Cは共謀して，事業受注のために，丙国の政府高官Dに多額の賄賂を渡していました。ある日，甲会社の法務部長からあなたのところに次のような報告と相談がありました。

「検察官から当社の担当者のところに，刑事訴訟法350条の2に定める合意制度（「司法取引」）の適用についての相談があった。検察官によると，検察庁は外国公務員への贈賄について甲会社及び乙会社を対象として捜査しているが，乙会社及び同社従業員Bに関する捜査に協力する見返りに当社（甲会社）担当者Aの犯罪について有利な取扱いをするとのことである。ただし，有利な取扱いをする対象はAであって当社自身は有利な取扱いをする対象となっておらず，当社は不正競争防止法（外国公務員への贈賄）により起訴される可能性があるとのことである。どのように対応したらよいか。」

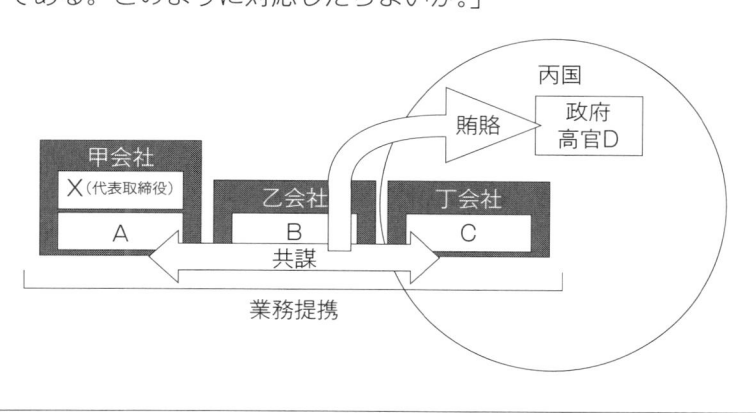

> **point**
> ①　司法取引は，自らの刑事事件について認めることによって
> 　検察官が有利な取扱いを行うのではなく，他人の刑事事件に
> 　ついて協力することによって自己の刑事事件について検察官
> 　が有利な取扱いを行うことに特徴があります。
> ②　司法取引の適用対象は特定の財政経済犯罪や薬物銃器犯罪
> 　です。
> ③　司法取引は，他人の刑事事件について協力することによっ
> 　て自己の刑事事件について検察官が有利な取扱いを行うこと
> 　に特徴があり，他人を不当に巻き込む懸念があることから，
> 　弁護人の関与や合意内容書面の作成など厳格な手続が定めら
> 　れています。
> ④　司法取引の適用の機会を逃し，会社が刑罰を課された上に
> 　指名停止等の措置を受けて損害が生じた場合，取締役の善管
> 　注意義務違反が問題になり得ます。
> ⑤　捜査が進展して司法取引の適用がなくとも立件可能と検察
> 　官が判断すれば，検察官は取引に応じない可能性があり，社
> 　内リニエンシー制度の整備など社内の不正・違法行為を適時
> 　適切に把握する制度の拡充が重要です。

1　合意制度（「司法取引制度」）の概要

　平成28年5月の刑事訴訟法改正により，平成30年6月1日から
「証拠収集等への協力及び訴追に関する合意制度」（「司法取引制度」）
の取扱いが開始しました。
　この制度は，

① 　特定の財政経済犯罪や薬物銃器犯罪を対象に，

② 　検察官と被疑者・被告人（「本人」）が，弁護人の同意のもと，

③ 　他人の刑事事件について真実に基づいた供述をしたり，重要な証拠を提出するなどして捜査に協力する見返りに，

④ 　検察官が，本人の刑事事件について，不起訴にしたり，より軽い罪で起訴したり，より軽い求刑をするなどの有利な取扱いをする

ものです。

2　ポイント①　他人の刑事事件が対象であること

　「『日本版』司法取引制度」のように「日本版」と付記されることが多いのは，米国等の司法取引制度と異なるためです。米国の司法取引制度と比較すると，特定の犯罪に限定していること（「3　ポイント②　特定の財政経済犯罪や薬物銃器犯罪を対象とすること」参照）や，被疑者・被告人が「自己の刑事事件」を認めることにより検察官が有利な取扱いをする「自己負罪型」と呼ばれる類型が存在せず，「他人の刑事事件」について協力して「自己の刑事事件」について検察官が有利な取扱いをする類型のみであることを相違点として挙げることができます。

　「自己負罪型」の導入が見送られたのは，新制度の導入が，上司・部下の指揮命令関係や，同業他社の共謀・協力関係の立証など，従来の捜査手法では成果を得ることが難しい事案の摘発を目的としているためです。

　本書執筆時点では2つの事案について司法取引が適用されたと公表されていますが，そのいずれについても，適用対象者が「他人の刑事事件」に協力する代わりに「自己の刑事事件」の有利な取扱いについて合意したことになります。

3　ポイント②　特定の財政経済犯罪や薬物銃器犯罪を対象とすること

　米国の司法取引制度では制度の適用対象となる犯罪に限定はありませんが，日本版司法取引制度では特定の財政経済犯罪や薬物銃器犯罪に限定されています。司法取引は「他人の刑事事件」に協力する代わりに「自己の刑事事件」について有利な取扱いを受けるものであるため，無実の他人を巻き込む危険があります。そのため，上司・部下の指揮命令関係や，同業他社の共謀・協力関係の立証など，従来の捜査手法では成果を得ることが難しいことが想定される事案に限定するべく，特定の財政経済犯罪や薬物銃器犯罪が対象とされました。司法取引の適用対象となる犯罪として刑事訴訟法が列挙しているものは多数ありますが，主な犯罪は次のとおりです。

刑法犯	強制執行行為妨害，公文書・私文書偽造，贈収賄，詐欺，背任，業務上横領など
組織的犯罪処罰法	組織的強制執行行為妨害，組織的詐欺，マネーロンダリングなど
独占禁止法	カルテル，入札談合など
金融商品取引法	インサイダー取引，相場操縦，有価証券報告書虚偽記載など
不正競争防止法	外国人公務員に対する贈賄など
会社法	特別背任など
租税に関する法律	所得税法違反，法人税法違反など

4　ポイント③　手続が厳格であること

　司法取引は他人の刑事事件について認めることによって自己の刑事事件について検察官が有利な取扱いを行うことに特徴があり，他人を不当に巻き込む懸念があります。そのため，弁護人の関与や合

意内容書面の作成など厳格な手続が定められています。

　合意の手順は次のとおりです。

ア　合意のための協議の申入れ

　被疑者・被告人，弁護人および検察官の三者のいずれからも申入れができ，申入れを受けた側がこれに応じる旨を回答すれば具体的な協議が始まります。

イ　三者協議

　三者が次の内容について協議し，協議が整った場合，合意内容書面を作成して三者が連署します。なお，本人および弁護人に異議がなければ，協議の一部は弁護人と検察官の二者で行うことができます。

（a）　検察官などの取調べに対して真実の供述をすること

（b）　証人として尋問を受ける際，真実の供述をすること

（c）　検察官などの証拠の収集に際して，証拠の提出その他の必要な協力をすること

　合意をした本人が，合意に反して，検察官などに対して他人の刑事事件に関し虚偽の供述をしたり，偽造・変造した証拠を提出した場合には，5年以下の懲役に処されます。

5　ポイント④　取締役の善管注意義務違反が問題になり得ること

　司法取引は他人の刑事事件について認めることによって自己の刑事事件について検察官が有利な取扱いを行うことに特徴があります。そして，「自己」には法人が処罰対象となる犯罪についての当該法人も含まれます（この場合，手続は法人の代表者が行うことになります）。法人が刑罰を受けた場合，罰金のような直接的な負担のほかに，指名停止等の措置を受ける可能性もあり，その場合，取引機会

を逸するといった損害が生じる可能性もあります。また，多数の逮捕者，捜索などを伴う長期の捜査を受けることによるレピュテーションの毀損も想定され，司法取引は法人に生じるレピュテーション毀損の回避としても機能します。

　司法取引と類似点がある制度として，独占禁止法のリニエンシー（課徴金減免制度）があります。独占禁止法のリニエンシーは，自ら関与したカルテル・入札談合について，その違反内容を公正取引委員会に自主的に報告した場合，課徴金が減免される制度であり，申告順位によって減免割合が異なります。そのため，申告が遅れると減免割合が減る（もしくは減免が認められない）可能性があります。

　なお，平成30年に成立した改正独占禁止法が施行された後は，申告順位に加えて，事業者の実態解明への協力度合いを考慮した公正取引委員会との合意の存否およびその内容によっても減免割合が異なります（司法取引の合意制度に類似する制度です）。減免を受けられる申請者数の上限は撤廃されましたが，申告の順位が低い事業者が減免を受けるためには，公正取引委員会が把握していない新事実の申告や新証拠の提出が必要と考えられるので，申告が遅れると減免が認められる可能性が低くなります。

　独占禁止法のリニエンシーに関しては，過去，合計約88億円の課徴金が課されたカルテル事件について，被告となった役員が5億2000万円の解決金の支払などを内容とする和解が成立した事案において，リニエンシーを他社に先駆けて利用しなかったことが善管注意義務違反であるかといった点も争点となりました。

　司法取引は，独占禁止法のリニエンシー（課徴金減免制度）と異なり，検察官との合意が必要であるなど厳格な手続が定められており，同列に論じることはできませんが，適切な対応を怠ったことにより会社に損害が生じた場合，取締役の善管注意義務違反が問題に

なり得ることに注意が必要です。

6　ポイント⑤　社内の不正・違法行為を適時適切に把握する社内制度の拡充が重要であること

　司法取引は，検察官が従来の捜査手法では成果を得ることが難しい事案の摘発を目的としているものです。そのため，司法取引の活用がなくとも立件が可能であると検察官が判断すれば検察官は合意に応じないことが想定されます。すなわち，検察官に提供する情報（供述，証拠など）に価値があると検察官が判断することが必要であり，時間との勝負という側面もあります。

　そのためには，社内の不正・違法行為を適時適切に把握する社内制度の拡充が重要です。すでに多くの企業で内部通報制度が整備されていると思いますが，たとえば，法令違反等に関与した者が自主的な通報や調査協力をするなど問題の早期発見・解決に協力した場合に，懲戒処分等を減免することができる仕組み（いわゆる社内リニエンシー制度）の導入なども検討の余地があります。

7　まとめ（case1を踏まえて）

　以上が司法取引の概要です。

　case1では甲会社の代表取締役の判断内容をテーマにしましたが，この事案でも，司法取引の適用を躊躇している間に，乙会社が検察官の申入れに応じて合意し，検察官が必要とする供述や証拠物を入手した場合には，甲会社が訴追の対象となる可能性があります。本書では，「Ⅱ　司法取引制度の概要」として，司法取引制度の内容について詳述しています。

　case1では，検察官は法人である甲会社ではなく「甲会社の担当者」に対して協議の申入れをしており，そのままでは甲会社の担当

　者が有利な取扱いを受けたとしても，法人である甲会社は訴追の対象となる可能性があります。この場合，対象となった担当者の供述や当該担当者が有する証拠のほかにも検察官が必要と考える重要人物や証拠がないか早急に社内調査の上，甲会社として司法取引の適用を受けられるよう，検察官に対して協議の申入れをすることも考えられます。この点につき本書では，「**Ⅳ　司法取引を使うとき**」，「**Ⅵ　司法取引に巻き込まれたとき**」として，実際に司法取引が適用される局面におけるポイントについて検討します。

　もちろん，不正・違法行為が発生しないことが重要ですが，万が一不正・違法行為が発生した場合も早期に発見・対応できる体制が整備されていることが重要です。その上で，司法取引の適用が問題になるような「有事」に至った場合でも，検察官が司法取引における合意に応じるような価値ある情報（供述，証拠物など）が提供できるよう，社内情報を適時適切に把握する制度も重要になります。この点につき本書では「**Ⅲ　司法取引に対する平時の備え**」として，社内体制の構築に当たってのポイントを検討します。

Ⅱ

司法取引制度の概要

　甲会社の事業部長であるAは，公共工事の施工管理について，自社に有利な取り計らいを受けようと，代表取締役社長にも秘したまま，入札を担当する乙県の土木事務所の課長であるBに対して，30万円の賄賂を贈りました。

　Bに対する賄賂の交付は現金でなされており，甲会社の預金口座・帳簿上，一見して不審なお金の動きはありませんでした。AがBに渡した現金は，Aが部下のCに命じ，甲会社の取引先名義の架空の取引伝票を作成するなどして準備されていました。

　甲会社は，自社関係者らに贈賄の嫌疑がかけられていることを知り，コンプライアンス担当取締役であるあなた（X）に社内調査を依頼しました。その結果，Aは，贈賄の事実や，部下に命じて伝票操作等を行い，贈賄のための資金捻出工作を行ったことを認め，Aに指示された部下Cもこれを認めました。

　あなたは，事実関係を明らかにし，不正行為と決別を図ろうと考え，代表取締役社長と協議の上，A・Cを説得し司法取引制度を活用することを検討しています。

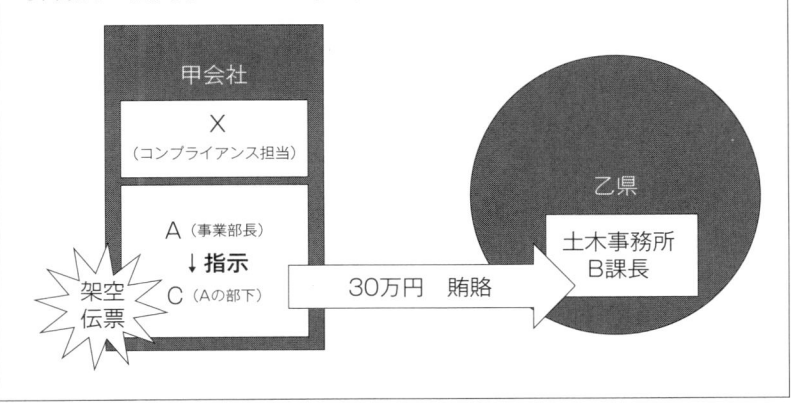

1　制度趣旨

　「合意制度の当面の運用に関する検察の考え方」（『法律のひろば』2018年4月号，最高検察庁新制度準備室。以下「検察の考え方」といいます。）によると，司法取引制度が導入された理由として次のような背景事情があるものとされています。

> 組織的な犯罪等において，首謀者の関与状況等を含めた事案の解明を図るためには，組織内部の者から供述を得ることなどが必要不可欠である場合が少なくないところ，近時，取調べによってかかる供述を得ることが困難となってきていることも踏まえ，手続の適正を担保しつつ組織的な犯罪等の事案の解明に資する供述等を得ることを可能とする新たな証拠収集方法として，合意制度を導入することとされたものである。

　case 2に基づいてこの背景事情を探ってみましょう。

　一般的に現金による贈収賄において，現金か銀行振込みで贈られるなど授受の外形が残るようなことは稀であり，両当事者が授受を否定すれば検察官が立件することは容易ではありません。従前であれば，検察官は当事者を取り調べて少なくとも当事者の一部から賄賂の授受などに関する自白を得た上で事件を立件していました。取調べにより供述を得ることが困難となってきている現在，case 2について検討すれば，贈賄側のA，Cがその事実を認めて申告すること自体検察官にとって大きなメリットとなります。加えて，贈収賄の事実を立証するため，たとえば，資金の捻出方法等を解明する必要がありますが，賄賂に供された金員の出所等が帳簿など客観的な資料で明らかになることも稀であり，検察官の立場に立てば，司法取引によりA，CからBに対し贈賄した事実自体に関する供述を得るとともに，賄賂に供された金員の捻出方法などについても具体的な供述を得ることは，従前の取調べ中心の捜査に限界が見えてきた現在，大きなメリットになるものと考えられます。

2　司法取引における「合意」の概要

　司法取引は，特定の財政経済犯罪および薬物銃器犯罪等のうち重大なものについて，被疑者・被告人と検察官が，「他人の刑事事件」に関する捜査への協力と，それに対する見返りを合意するものであり，具体的には，それぞれ以下の行為をすることを合意し，その内容を合意内容書面として文書化することになります（刑事訴訟法350条の2第1項）。

（1）　被疑者・被告人

他人の刑事事件について，以下の協力をします。
① 　警察や検察での取調べまたは裁判所での証人尋問の際に真実の供述をすること
② 　警察官や検察官・検察事務官による証拠収集に関して，証拠の提出その他必要な協力をすること

（2）　検察官

　上記（1）の協力行為を考慮して，本人について，以下のとおり有利な取扱いをします。
① 　不起訴処分
② 　公訴取消し（起訴の取消し）
③ 　特定の訴因・罰条により公訴を提起し，またはこれを維持する

　訴因とは，検察官が起訴状に書いた，被疑者がどのような犯罪行為を行ったのかを明らかにする事実です。罰条は，犯罪の種類やそれに対する刑罰の内容を定めた刑法等の法律の各条文です。

　たとえば，検察官が，組織的詐欺罪（組織犯罪処罰法3条1項13号）

による起訴が可能であると判断しても，同罪より法定刑が軽い，刑法上の詐欺罪（刑法246条１項）で起訴するといった取扱いをすることなどが考えられます。

④　特定の訴因・罰条への変更

たとえば，検察官が特別背任罪（会社法960条）で起訴した後に，法定刑が軽い刑法上の背任罪（刑法247条）に訴因と罰条を変更することなどが考えられます。

⑤　特定内容の求刑をすること

通常より軽い刑にするよう裁判所に意見を述べることです。検察官が，通常の求刑相場を下回る求刑（たとえば，懲役３年が相場の罪について，懲役１年６月の判決をするよう裁判所に求めることなどが考えられます）をしたり，司法取引をしていない他の関係者の求刑と比較して，これを下回る求刑をするにとどめる，あるいは執行猶予にすべきとの意見を述べることなどが考えられます。

法律上，裁判官は，検察官の求刑意見に拘束されるものではないため，裁判官が検察官の求刑を上回る判決を言い渡す可能性は否定できませんが，検察官の求刑意見は，実務上裁判官が量刑を決めるに当たって重要な判断要素となっています。

⑥　即決裁判

即決裁判は，１回の期日で判決まで言い渡すため，裁判が早期に終わり，法律上，執行猶予が必ず付されます。

⑦　略式命令

検察官が，100万円以下の罰金刑または科料が下されることが相当と判断した場合，簡易裁判所に起訴して判決に代わる略式命令を求めることができます。この場合，裁判官は法廷を開かず，被告人も出廷する必要はなく，検察官が提出する供述調書や報告書といった書類を検討して罰金の額や科料の額を決めて略式命令を出します

（なお，次頁のCOLUMN 1 参照）。

　法廷が開かれないことから，企業のレピュテーションの毀損を低
減することができます。

ＣＯＬＵＭＮ１

司法取引の分類

　司法取引を行う場合，検察官の判断だけで取引の目的が完結するケースと，検察官の判断に加えて裁判官の判断が介在するケースの２つに分けられます。

　たとえば，司法取引で被疑者・被告人を不起訴にするという判断は，検察官の判断だけで行うことが可能ですし，公訴取消もこれに当たります。これに対し，先に述べた特定内容の求刑や略式命令の申立ては，検察官の判断だけではその目的を達することはできず，更に裁判官の判断が必要となります。

　略式命令の合意ができた場合，検察官が略式命令を請求することは確実と考えられますが，裁判所がこれを受け入れず，略式不相当（略式裁判は相当ではなく，法廷を開く正式裁判によるべき）と判断する可能性は残ります。従前は，社会的に注目を浴びる事件等（過労自殺に関する労働基準法違反事件など）について，略式裁判の申立てを受けた裁判所が，略式裁判によることを認めず，正式裁判を開くとする判断をした事例が，件数は多くはありませんが，まま見受けられました。

　今後司法取引制度下において，略式命令の合意に基づき略式裁判が申し立てられた事案について，裁判所がどのような判断をするのか（司法取引制度を尊重する運用を行うのか，従前とあまり変わらないのか）はこれからの事案の積み重ねによるものと考えられます。

　また，これを検察官の立場に立って考えると，検察官は司法取引をする以上，確実に取引の内容が実現することを目指すものと思われますので，裁判官の判断により結果が左右される形での司法取引に応じるのは例外的な場合に限られるとも考えられます。

　いずれにせよ司法取引には，このように検察官と合意さえすればその

目的を達成できるものと，目的達成のためには，検察官との合意に加えて裁判官の判断が介在するものがあるので，司法取引の合意をする際には，このことを念頭に置いて，当該合意により，期待する効果が確実に得られるのかどうかを見極めることが必要になってきます。

3　特定犯罪の概要

　対象となる犯罪は，特定の財政経済犯罪および薬物銃器犯罪のうち重大なもので，A，B，Cに成立し得る上記犯罪（贈収賄，私文書偽造等）はこれに当たります。

　上記1で述べた制度趣旨から，全ての犯罪が対象となるものではなく，対象犯罪が一定の範囲に限定されています（刑事訴訟法350条の2第2項，政令）。

　司法取引の適用対象となる犯罪として刑事訴訟法が列挙しているものは多数ありますが，主な犯罪は前記Ⅰ3のとおりです（詳細は巻末資料参照）。

4　司法取引の手続の概要

（1）　刑事事件における手続の流れと司法取引の手続の流れ

　case2では，一般的には，Aについては贈賄や伝票作成に関する私文書偽造等，Cについても私文書偽造等（場合によっては贈賄の共犯）の罪で処罰される可能性があります。

　刑事事件における手続の流れの概要は次のとおりです。

①捜査は，検察官が主体となって行い，検察事務官は
　検察官を補佐し，又はその指揮を受けて捜査を行う。

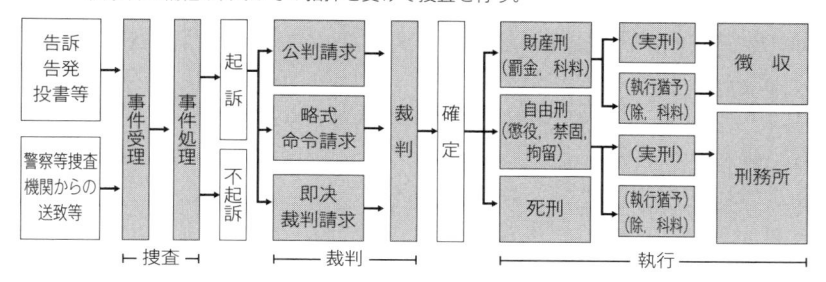

②事件は，在宅事件と身柄事件とがあり，取り
　調べ，各種令状の請求，執行等が行われる。

（法務省ホームページより）

他方，司法取引の手続の流れの概要は次のとおりです。

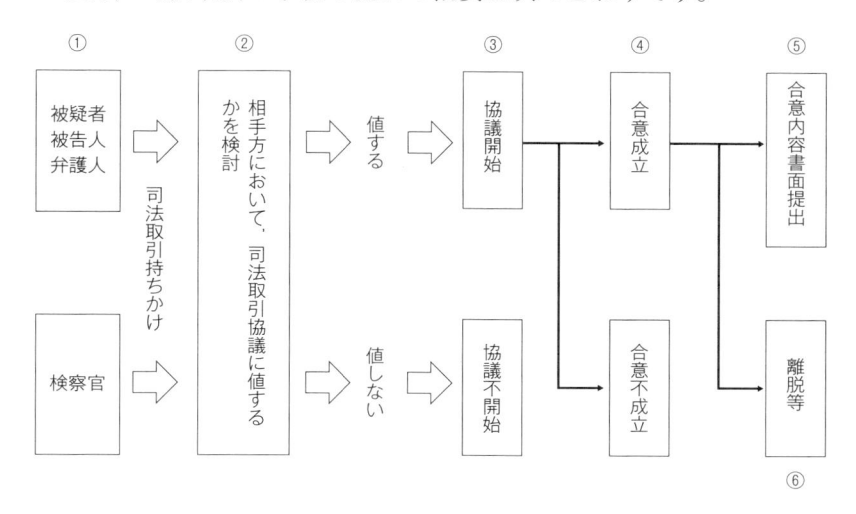

（「検察の考え方」52頁以下より）

　司法取引が行われる場合，上記概要図のとおり，まず，被疑者・
被告人または弁護人から検察官へ，あるいは検察官から被疑者・被
告人または弁護人に対して司法取引が持ちかけられます。そして，
司法取引の申出を受けた相手方が，司法取引の協議に応じるに値す

るかどうかを検討し，司法取引協議に値すると考えた場合に，司法取引の協議が開始されます。検察官と被疑者・被告人・弁護人の協議の結果，司法取引の合意が成立すれば，双方で合意内容書面を作成することになります。

（2）　司法取引に関する協議の打診

　検察官は，捜査に着手した事件について，従来の捜査手法では事案を解明することが困難と考えた場合，司法取引の候補として検討する可能性があります。また，検察官が，被疑者・弁護人から，捜査着手前に，または捜査着手後に司法取引を持ちかけられた場合も同様に，事案の解明が困難な事件と考えれば，司法取引の候補として検討する可能性があります。

　そして，検察官は，当該事案の真相等を解明しないことが著しく正義に反するような事案であり，処分の減免等をしても他人の刑事事件の捜査・公判への協力を得ることについて国民の理解を得られると判断した事案であることを前提に，以下の要素を考慮し，司法取引に係る協議の対象事件として選定することが考えられます。

① 本人の協力行為によって，司法取引に値する重要な証拠が得られる見込みがあること

② 協議における本人の供述につき，裏付け証拠が十分あるなど積極的に信用性を認めるべき事情があること

③ 協議による捜査・公判への影響

・捜査の進行状況と協議に要する時間

・協議により取調べにおける供述の任意性に影響が及ばないよう配慮する必要があること

（3）　弁護人の関与

　司法取引については，被疑者・被告人の利益を守るため，弁護人が関与することが法律上定められています。具体的には，司法取引の協議についても，司法取引自体にも，弁護人の同意が必要とされています。また，協議の開始をするときも，司法取引の合意をするときも，検察官，被疑者・被告人に加えて弁護人が連署した書面を作成することとされています。

　弁護人は，協議開始に当たり，被疑者・被告人がどのような協力行為ができるのかを検察官に提示し，検察官との間で，合意の内容等について意見交換をするほか，協議の場において検察官が本人の事情聴取を行う場合にこれに立ち会うなど，種々の場面で関与することが想定されています。

（4）　必要な協議

　司法取引においては，検察官，被疑者・被告人，弁護人の三者で，司法取引の合意をするための必要な協議を行うこととされています（司法取引の流れ概要図③）。その際，検察官は，被疑者・被告人に，他人の刑事事件について供述を求めることができますが，黙秘権の告知が必要（刑事訴訟法198条２項の準用）とされています。

　他人の刑事事件について得られた供述は，司法取引不成立の場合には証拠とすることができないものの，派生証拠，すなわちこれらの供述を元に発見された証拠などは利用が制限されていないので，注意が必要です。

　なお，被疑者・被告人および弁護人に異議がなければ，協議の一部を検察官と弁護人のみとの間で行うことができます。これは，検察官と弁護人が，主に法律的な観点から協議を行う場合，必ずしも被疑者・被告人が同席する必要がないと考えられるためです。

　ただし，弁護人を外し，検察官と被疑者・被告人のみで協議を行うことはできないとされています。被疑者・被告人の便宜を考慮しつつ，弁護人を必ず関与させることで，被疑者・被告人に不利益が生じないよう，手続面で被疑者・被告人の権利保護に配慮したものといえます。

（5）　警察による対応

　検察官は，警察送致事件または警察捜査中の事件について司法取引の協議を行おうとするときは，あらかじめ警察と協議することとされています。これは，警察が被疑者の事件について全容を解明するための捜査をしようとしているときに，検察官が警察との連携が不十分なまま不起訴合意をするなどして捜査に支障が出ることを防ぐための規定です。

　検察官は，必要と認めるときは，上記協議における必要な事項（他人の刑事事件について被疑者・被告人に供述を求めること等）を司法警察員にさせることができ，この場合，司法警察員は，検察官から授権された範囲内で，検察官が司法取引の内容として提案する検察官の行為（刑事訴訟法350条の２第１項２号）を提示することができます。

（6）　証拠の請求

　被疑者との間で合意がなされ，その後被疑者が起訴された場合（合意から離脱していない場合），または起訴後に被告人との間で合意がなされた場合，検察官は，裁判所に対して，合意内容書面の取調べを請求します。

　また，裁判で合意内容書面の取調べをする場合に，または取調べをした後に，当事者による合意からの離脱があった場合，検察官は，

裁判所に対して，合意内容書面のほか離脱の書面の取調べを請求しなければなりません。

　合意内容書面を裁判官が取り調べるのは次の理由からです。すなわち，司法取引がなされて有利な扱いを受けることを前提としてなされた供述については，被疑者・被告人が，自分の責任を軽減するために虚偽の供述をして第三者を巻き込む危険が通常の場合より一般的に高くなります。裁判官としては，供述の信用性についてより慎重に吟味する必要があり，司法取引が成立して合意が成立した場合，その事実や合意の内容を把握しなければなりません。また，当事者の合意違反があった場合には裁判の進行が変わる可能性もあり，裁判官が訴訟進行の計画を立てる上で合意の存在を知っておく必要があるほか，判決における量刑においても合意の内容を考慮する必要がある場合があるためです。

　case 2 では，検察官は，AやCとの司法取引において両名を不起訴としましたが，仮に，不起訴ではなく，求刑を軽くして起訴する合意をした上で起訴した場合，両名の裁判で，両名との合意書面の取調べを請求することになります。また，Bの裁判でA，Cの供述調書が取り調べられたり，A，Cが証人尋問される場合も同様にA，Cの合意内容書面が取り調べられます。

（7）　司法取引の終了

ア　合意からの離脱

　合意は，検察官と被疑者・被告人が，それぞれ特定の行為をすることをお互いに約束するというものです。このような約束をしたにもかかわらず，仮に一方が約束に反して特定の行為をしなかった場合にまで，相手方が合意に縛られるとすることは公平ではありません。そこで，一方当事者に合意違反があった場合には，公平の観点

から，相手方は合意を履行する必要がなく，合意から離脱し，合意による拘束から免れることができるとされています。

離脱しようとする者は，合意の相手方に対して書面による告知をすることが必要とされており（刑事訴訟法350条の10第2項)，この書面に合意を離脱する理由を記載することとされています。離脱の理由は，刑事訴訟法350条の10第1項のどれに当たるかを記載すれば足ります。

ただし，離脱は将来に向かって効力を生じるものであり，離脱するまでになされた訴訟行為の効果には影響を及ぼしません。

　イ　合意からの離脱例

まず，検察官と被疑者・被告人に共通する離脱事由として，「合意当事者が合意に違反した場合」が挙げられます（刑事訴訟法350条の10第1項1号)。

次に，被告人の離脱事由として定められているのは，以下の4つです（刑事訴訟法350条の10第1項2号)。

①　検察官が合意に基づき訴因または罰条の追加，撤回を請求したにもかかわらず，裁判所がこれを許さなかったとき

②　検察官が求刑の合意に基づき被告人に特定の刑を科すべき旨の意見を述べたにもかかわらず，裁判所がその刑よりも重い刑の言渡しをしたとき

③　検察官が即決裁判の合意に基づき即決裁判を申し立てたにもかかわらず，裁判所が，一定の理由により，即決裁判の申立てを却下したり，即決裁判により審理を行うという決定を取り消したとき

ここにいう「一定の理由」とは，事件そのものが即決裁判によることができなかったり，即決裁判によることが相当でないものであると認められるときをいいます。

④　検察官が略式命令請求の合意に基づき略式命令を請求したに
　もかかわらず，裁判所が通常の裁判手続により裁判を行うこと
　としたときまたは検察官が正式裁判の請求をしたとき

そして，検察官の離脱事由としては，以下の２つが定められてい
ます（刑事訴訟法350条の10第１項３号）。

①　被疑者・被告人による他人の刑事事件についての供述の内容
　が真実でないことが明らかになったとき

②　上記①に掲げるもののほか，被疑者・被告人が，合意（刑事
　訴訟法350条の２第１項）に基づいてした供述の内容が真実でな
　いことまたは被疑者・被告人が合意に基づき警察や検察に提出
　した証拠が偽造・変造されたものであることが明らかになった
　とき

ここにいう「真実でない」とは，客観的事実に反することをいい
ます。

ウ　検察審査会の議決による失効

検察官が不起訴の合意に基づき不起訴処分をした後，検察審査会
に審査の申立てがされ，検察審査会が起訴相当，不起訴不当の議決
をした場合，不起訴処分の合意は効力を失います（刑事訴訟法350条
の11）。case 2 では，検察官が，司法取引による不起訴の合意に基
づき，A，Cを不起訴とした後，A，Cについて検察審査会に審査の
申立てがされ，検察審査会がA，Cについて起訴相当や不起訴不当
の議決をした場合です。

検察官が被疑者と不起訴の合意をし，不起訴処分をした後，検察
審査会が，不起訴不当や起訴相当の議決をした場合，検察官は，検
察審査会の議決を参考にして，改めて被疑者を起訴するかどうかを
判断しなければならないとされています（検察審査会法41条１項，
２項）。しかし，仮に，この場合も検察官が従前の不起訴の合意に

拘束されるとすれば，検察官は，矛盾する2つの義務を負うことになってしまいます。そこで，このような場合には，検察審査会制度による議決の効力を優先させることとしたものです。

（8）　虚偽供述等の罪について

　司法取引を行い，検察官と合意した被疑者・被告人が，検察官や警察官などに対して虚偽の供述をしたり，偽造・変造の証拠を提出した場合，虚偽供述等の罪で処罰される可能性があります（刑事訴訟法350条の15）。

　被疑者・被告人が検察官と合意した場合，被疑者・被告人は，他人の刑事事件について，真実の供述をし，真実の証拠を提出する義務を負います。しかし，合意制度には，被疑者・被告人が，自分の責任を軽減するために虚偽の供述をして第三者を巻き込む危険があると指摘されており，仮に，被疑者・被告人が合意に反して他人の刑事事件について虚偽の供述をしたり，偽造・変造された証拠を提出するようなことが起きれば，合意制度の適正な運用は困難となります。そこで，このような巻き込みの危険を防ぎ，合意に基づき提供される証拠の信用性・真正を確保して合意制度が適切に運用されるべく，合意に反し，虚偽の供述をするなどした被疑者・被告人に対する処罰を特に定めることとしたものです。

　合意した被疑者・被告人が，捜査機関に対する虚偽の供述をし，あるいは捜査機関への偽造・変造証拠の提出した場合，5年以下の懲役刑に処するものとされています。

┌─────────────────────┐
│ C O L U M N 2 │
└─────────────────────┘

刑事免責制度と司法取引制度

■刑事免責制度とはどのような制度か

　司法取引とは別に刑事免責制度という制度があります。刑事免責制度は，①証人に対して，②証人自身が刑事責任を問われるおそれのある事項について，③刑事責任を問わない（刑事責任を免責する）ことを条件にして，証言を義務づける制度です（刑事訴訟法157条の2，157条の3）。

　法律上，何人であっても裁判所が証人として尋問することを決定した場合，その者は，証人として証言する義務を負っています（刑事訴訟法143条，150〜152条，160〜162条）が，同時に証人は，自身が刑事訴追を受け，または有罪判決を受けるおそれのある証言についてはこれを拒むことができるとされています（刑事訴訟法146条，憲法38条1項）。

　このように，証人は，証言する義務を負う一方，自分が刑事責任を問われるおそれがある事項については証言を拒否することができるのですが，刑事免責制度は，当該証人尋問によって得られた供述および派生証拠は原則として証人に不利に用いることはできないこととして，通常は証言拒絶権がある事項についても証言を義務づけるものです。

■司法取引制度との異同

【共通点】

　どちらの制度も，他人の刑事事件に関して問題となるものであり，刑事責任の免責について定めていることも共通しています。また，ある事件の真相を解明するために，別の事件の被疑者・被告人の刑事責任を免責ないし軽減するという部分も共通点であるといえます。

【相違点】

　上記のような共通点がある一方で，刑事免責は，証人尋問の場合のみ（他人が起訴された場合のみ）適用される制度であるのに対し，司法取引

にはこのような限定がなく，他人が起訴される前の段階（捜査段階）か
ら問題となる場面が多いと考えられます。また，刑事免責は，検察官の
請求により，裁判所が決定するものであるのに対し，司法取引は，検察
官，被疑者・被告人，弁護人が協議し，合意することで行われるもので
す。

　このように，刑事免責は，合意によらず，検察官・裁判官の行為によ
り，証人に証言を義務づけるものであって，証人に証言するか否かの選
択権はないのに対し，司法取引は，あくまで合意に基づくものですから，
取引に加わるかについて，被疑者・被告人に選択権があるということも
大きな相違点です。

III

司法取引に対する平時の備え

1 司法取引とコンプライアンスとの関係

case 3

あなた（X）は甲会社のコンプライアンス担当です。

甲会社の取締役であるA（海外事業部長）は同じ部署の部下B
に命じて乙国の公務員Cに対して賄賂を提供し，乙国での事業
について便宜を図ってもらっていました。

Aおよびその部下Bによる贈賄行為は，まだ本人たちしか知
りません。

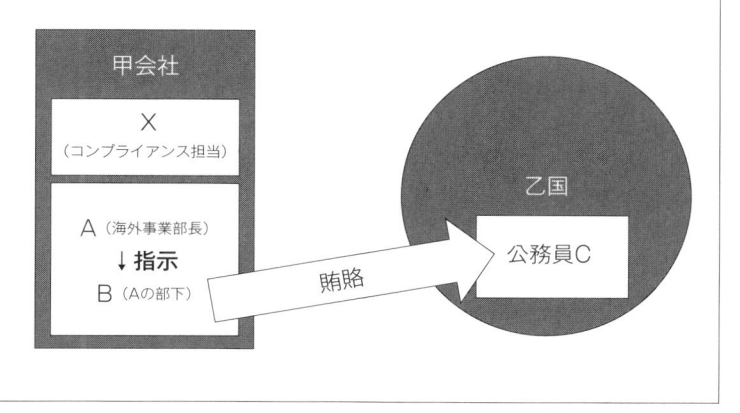

司法取引に対する平時の最大の備えは，会社におけるコンプライ
アンス体制の充実です。それは，司法取引とコンプライアンスとの
間に深い関係があるためです。

case 3 におけるAおよびBの行為は，不正競争防止法で規定され
る外国公務員贈賄罪（不正競争防止法18条）に該当します。しかし，
まだ，甲会社の経営トップやあなた，捜査当局，マスコミはAおよ
びBの犯罪行為を知りません。つまり，甲会社としては表面上「平
時」の状態にあるわけです。しかし，その「平時」状態の裏には，
「取締役による犯罪行為」という重大な「有事」が存在しています。

　このように，平時は，何も問題が存在しない状態ではなく，会社が問題を「知らない」状態にすぎない可能性があります[1]。

　case 3において甲会社の利益のために重要なことは，捜査当局よりもマスコミよりも早くAおよびBの犯罪行為を把握することです。甲会社が知らないうちに取締役の犯罪行為を捜査当局が把握すれば，ある日突然強制捜査が行われるかもしれませんし，マスコミがスクープ報道をすれば，甲会社の対処は後手に回り，甲会社のレピュテーションは毀損します。

　幸運にも，早い段階で甲会社の役職員の誰かがAおよびBの犯罪行為を知った場合，探知した役職員からコンプライアンス担当であるあなたに速やかにAおよびBの犯罪行為についての情報が知らされることが重要です。あなたのもとにAおよびBの犯罪行為の情報が届いた場合，コンプライアンス担当として事実関係の調査，調査の結果判明した事実関係に対する評価・分析，AおよびBの犯罪行為に対する対処を行うことになりますが，この対処方針の一つとして司法取引が位置づけられます[2]。

　司法取引によって，会社には種々のメリットがもたらされる可能性があります。たとえば，司法取引の成否にかかわらず，司法取引

1　「上場会社における不祥事予防のプリンシプル」（日本取引所自主規制法人，2018年3月30日，巻末資料参照）は，近年，不祥事対応のみではなく不祥事の発生そのものを予防する取組の必要性が高まっていることに応えて，主として上場会社向けに策定されたものですが，企業における不祥事一般に対する平時の備えを考えるに当たって参考になる指針です。その原則4「不正の芽の察知と機敏な対処」においても「どのような会社であっても不正の芽は常に存在しているという前提に立つべきである」とされています。

2　司法取引の対象となる特定犯罪は，刑訴法350条の2第2項および政令で定められています。現在政令で定められている特定犯罪には，租税に関する法律，独占禁止法，金融商品取引法をはじめとして企業で問題になり得る財政経済関係犯罪が広く含まれています。case 3の外国公務員贈賄罪（不正競争防止法18条）もその一つです（詳細は巻末資料参照）。

を目的とした迅速な対応は，早期の真相解明を可能にし，適切な情報開示や事後対策構築につながり，損害の拡大防止や会社の必要以上のレピュテーションの毀損を回避できる可能性があります。また，司法取引の実現により，会社は刑事訴追の回避というメリットを得る可能性があります。case 3 の場合，甲会社は，AおよびBの犯罪行為について両罰規定により罰せられることを防ぐことができる可能性があります。さらに，会社や社員が刑事犯罪で起訴された場合，公共工事の指名停止処分や政府系金融機関による貸出停止等様々なペナルティが課されることがありますが，司法取引の実現によって，これらのペナルティの軽減につながる可能性があります[3]。

　司法取引を成立させるためには，事実関係を把握し，正確で有益な情報提供を行うことが不可欠ですが，司法取引においては国民の理解を得られることが重要とされているため，会社が日頃からコンプライアンス体制の充実に努め，企業犯罪を含む不祥事が発生しないよう努め，企業犯罪に当たっては迅速に事実調査等を行うことが重要です[4]。

　そのため，司法取引に対する平時の備えは，コンプライアンス体制の確立と運用にほかなりません。

3　たとえば，case 3 の外国公務員に対する贈賄行為については，海外法に基づき処罰される可能性があります。米国のFCPAや英国のBribery Actでは，違反行為があり，当局による調査が開始されたとしても，企業側が適切なコンプライアンス体制を構築・整備していた場合には制裁が軽減され，場合によっては免除される場合があります。

4　最高検が司法取引導入に当たって公表した運用指針（最高検察庁新制度準備室「合意制度の当面の運用に関する検察の考え方」，巻末資料参照）によれば，合意に当たって考慮する事項に関して「合意制度を利用するためには，本人の事件についての処分の軽減等をしてもなお，他人の刑事事件の捜査・公判への協力を得ることについて国民の理解を得られる場合でなければならない」とされています。

2　一般的なコンプライアンス体制の構成要素

　上記1のとおり，司法取引に対する平時の備えはコンプライアンス体制の確立と運用ですが，コンプライアンスは，法令・ルールに従った企業活動という意味での「法令遵守」という意味と，法令に従った企業活動を確保して不祥事を防ぐための仕組み，すなわちコンプライアンス体制や内部統制システムそのものを指す場合があります。

　後者の意味でのコンプライアンス，すなわちコンプライアンス体制の確立と運用に当たっては，次の表のとおり「統制環境」「リスク評価と対応」「統制活動」「情報と伝達」「モニタリング活動」の5つの構成要素を備える必要があるとされています[5]。

3　司法取引に対する平時の備え

　上記2のようなコンプライアンス体制について，司法取引に対する平時の備えの観点からは次のような点が重要となります。

（1）　企業トップの姿勢（統制環境，情報と伝達）

　「企業犯罪は決して許さない」という会社・企業トップの姿勢を全ての役職員に浸透させ，司法取引の対象となる特定犯罪を含めた犯罪や不祥事を許容しない企業風土を形成することが重要です。会

5　適切なコンプライアンス体制の確立と運用の方法は会社によって異なります。ここでは，企業がコンプライアンス・プログラム（内部統制）を導入するに当たって世界で広く用いられているCOSOフレームワーク（トレッドウェイ委員会支援組織委員会（Committee of Sponsoring Organizations of the Treadway Commission）が1992年に公表したもので2013年改訂されました）をもとに説明をしています。COSOフレームワークは，内部統制（Internal Control）を，3つの目的，5つの構成要素，各構成要素の基礎となる17の原則から成るものと説明しています。

統制環境	コンプライアンスを最優先とする会社の姿勢・気風・風土のこと。どのような制度を作っても，会社を流れる雰囲気自体が不正を許し不祥事を招くものであれば，コンプライアンスは実現しない。
リスク評価と対応	不正や不祥事の要因をリスクとして洗い出し，それらに優先順位をつけ，対応するプロセスのこと。たとえば，外国公務員贈賄罪は不正・不祥事だが，そのリスクは外国で事業を行う会社さらにいえば部署にしかない。リスクのない部署にまで総花的にコンプライアンス体制をひいても，役に立たないどころか，いわゆる「コンプライアンス疲れ」で日々の営業活動に支障をきたすというデメリットがある。的確にリスクを把握し，そのリスクに対する的確な体制を整備することが重要となってくる。
統制活動	コンプライアンスを実現するための，ルール（内規・社内規程）の整備，コンプライアンスに関する役職員に対する教育・研修，違反者が出た場合のペナルティなどの具体的施策のこと。コンプライアンス体制と聞いて，多くの人が最初に思い浮かべるイメージ。
情報と伝達	会社内での情報を適時・適切に伝達するためのプロセスのこと。たとえば，会社の気風や風土を代表する企業トップの姿勢は全ての役職員に浸透させる必要があるし，一社員が得た不正に関する情報は，すみやかにコンプライアンス担当部署に通報されなければならない。
モニタリング活動	コンプライアンス体制が有効に機能しているかをモニタリング（監視）するプロセスのこと。

（トレッドウェイ委員会支援組織委員会（Committee of Sponsoring Organizations of the Treadway Commission）が1992年に公表し，2013年に改訂したものをもとに作成）

社全体の雰囲気が企業犯罪を悪と考えるようになれば，企業犯罪の抑止につながり，仮に企業犯罪が発生した場合にも，当事者または周囲の役職員による適時・適切な対応を望むことができます。

　具体的な方法としては，スローガン，企業トップによる年頭あいさつ・談話，コンプライアンスに関する行動指針の策定・周知，犯罪・不祥事撲滅キャンペーンの実施などが挙げられます。企業トップから外へ，企業トップから社内への発信といったトップアウト，トップダウンの方向性ばかりでなく，現場の役職員の積極的な参画

による相互作用で会社風土が醸成されていくことが重要です。

　case 3 において，甲会社の社長が日頃から外国公務員への贈賄にも具体的に言及した上で「たとえ会社や事業の成功のためであっても，絶対に外国公務員に賄賂を提供してはならない。外国公務員贈賄は国際商取引の構成を害する行為として国際的にも厳しい対処が求められている。この行為は重大犯罪であり，会社にとっての致命的な不祥事となる。会社は，外国公務員贈賄のような不正を決して許さず，関わった者は，知りながら通報を怠った者も含め厳しく処分する。」などと情報発信をしたり，取締役会や各社員に届く形（朝礼，ニュースレター）で話していたり，外国公務員贈賄についてリスクがある海外事業部において定期的に現場の役職員の意識を啓蒙する活動を行っていたりすれば，そもそも犯罪自体発生しなかったかもしれませんし，発生した場合も甲会社の体制構築への努力が司法取引の実現に向けての一助となるかもしれません。

（2）　担当部署の設置（統制活動，その他全体）

　コンプライアンス体制の確立，運用のためには，企業犯罪や不祥事に対応する人員を確保し，部署を設置することが必要です。取締役をコンプライアンスの責任者とすることによって，トップレベルでの迅速な協議と対応が可能となります。また，コンプライアンス統括部署は，コンプライアンス・プログラムの策定・運用を担い，部門・部署間の連携・統括に責任を負います。

　どのような行為が犯罪や不祥事に該当し，どの事業，どの部署，どの担当者に犯罪や不祥事のリスクがあり，犯罪や不祥事と疑われる行為を把握した場合に会社としてどのように行動すべきかという問題は専門的であり，日々の情報更新が必要となります。また，平時においては啓蒙・研修，規程（ルール）やプロセスの策定からモ

ニタリングまで，有事においては調査から専門家とのやり取りまで業務量も多く，別業務との掛け持ちは困難です。

　限りある会社資源を起こってもいない有事の備えに割くことに躊躇いを感じることもあるでしょう。しかし，有事は「起こっていない」のではなく「見えていない」だけである可能性があります。企業犯罪を含む不祥事の萌芽は，潜在的には常にどの会社にも存在します。また，昨今，企業が置かれている社会的立場，企業の社会に対する責任（CSR），社会が企業に求めるコンプライアンス体制構築能力を踏まえると，会社が利益を上げることのみを追求する時代は終わりを告げました。これからは，コンプライアンス体制の構築に会社の資源を割くことが重要であり，それが会社の根幹を支えることにつながります。コンプライアンス体制構築のために実際に経営資源を投入するに当たっては，その必要性・重要性について検討した上で腹落ち（納得）すること，その上でせっかく経営資源を投入するのであれば実効性を重視することの2点が重要です。

　case 3において，甲会社のコンプライアンス担当であるあなたが，外国公務員贈賄罪が特定犯罪であること，甲会社の海外事業部には外国公務員贈賄のリスクがあることをあらかじめ認識していたら，海外事業部と連携して不正防止対策を策定・実行し，定期的にモニタリングし，何かが起こった際には迅速に対応することができるでしょう。他方，甲会社におけるコンプライアンス担当とは名ばかりで，発言力も独立性もなく，犯罪の通報がA取締役の知るところとなり，会社ぐるみの隠匿やもみ消しに発展すれば，甲会社は危機的な状況に陥ります。コンプライアンス体制の構築・運用は会社全体で行うものですが，コンプライアンス担当者やコンプライアンス担当部署はコンプライアンス活動の要であり，重責を担っています。

（3） リスクの洗い出しと分析（リスク評価と対応）

　会社の経営資源は有限であり，ただ闇雲にヒト・モノ・カネを注入するだけでは無駄遣いに終わってしまいます。会社全体を見渡して司法取引の対象となる特定犯罪を含め犯罪・不祥事の発生リスクが高い事業・部署を抽出し，リスクを分析して，優先順位を付けて対策を講じていけば，実効性・効率性ある平時の備えが可能となります。このように，リスク管理にメリハリをつけるやり方を「リスクベース・アプローチ」といいます。このリスクベース・アプローチは，コンプライアンスにおいて「やった方がよい（better）」または「必須である（must）」のいずれでしょうか。答えは，後者です。リスクに応じた手当を施すことは，コンプライアンス体制を有効かつ強固なものとするために必須であり，コンプライアンス体制の有効性について評価を受ける際に，重要視されるファクター（要素）でもあります[6]。

　リスクをひととおり洗い出した後に，そのリスクを分析します。分析する視点としては，①違法行為が起きやすい事業（発生可能性），②多大な損害が発生しやすい事業（損害の規模・事業に与える影響力），③公的な規制がなされている事業（特殊性）か，などを要素と

6　たとえば，FCPA（海外腐敗行為防止法）について司法省（DOJ）と証券取引委員会（SEC）が公表しているFCPAガイドでは，コンプライアンスが推奨され，当該会社のコンプライアンス状況は起訴裁量等の事件処理方針に影響することが明記されていますが，FCPAガイドのいう「コンプライアンス」が満たすべき要素として「リスク評価（Risk Assessment）」が強調されています。そ こ で は「Assessment of risk is fundamental to developing a strong compliance program, and is another factor DOJ and SEC evaluate when assessing a company's compliance program.（リスクの評価は強固なコンプライアンス・プログラムを策定するに当たって必須であり，司法省や証券取引委員会が会社のコンプライアンス・プログラムを監査するに当たって，評価する要素ともなる。）」と明記され，リスクベース・アプローチの重要性が説かれています。

することが考えられます。

　最後に，優先順位に従って対策を講じていきます。対策としては，規程（ルール）の策定，その部署に関わる役職員に対する研修，業務手順の工夫などが挙げられます。

　このプロセスにおいて重要なのは，単にリスクを洗い出すだけではなく，「リスク抽出→リスク分析→リスクへの対応」の3段階を経ることによって初めて実現するということです。時間と人員と資金に限りがある中で実効性ある体制を構築するためには，一般的なコンプライアンス体制をあなたの会社用にカスタマイズすることがとても大事なのです。

　case 3において，甲会社における不正や不祥事のリスクは，外国公務員贈賄ばかりではなく，業務上横領，パワハラ，下請法違反，労基法違反など数多くあります。コンプライアンス担当としては，これらのリスクを洗い出すだけではなく，評価・分析することが必要です。外国公務員贈賄については，賄賂がまだ横行している国での事業が継続中である場合等に海外事業部で発生する可能性があります。そしてその不正が会社に及ぼす影響は深刻であり，外国公務員贈賄が，不正競争防止法，FCPA，UKBAなど公的規制の対象となっていることを念頭に置いて，甲会社において「海外事業部における外国公務員贈賄は優先的に対処すべきリスクである」と認識できていたら，リスク評価体制が正常に機能しているといえるでしょう。

　次頁の表は，一般的な部門ごとの不祥事リスクを一覧化したものです。

　☆，★，▲のマークは司法取引の対象となる特定犯罪を意味し，それぞれ☆が刑法犯罪，★が財政経済関係犯罪，▲が組織犯罪を指します。いずれのマークもついていないものは，司法取引の対象と

部門ごとの不祥事リスク　　☆は刑法犯罪，★は財政経済関係犯罪，▲は組織犯罪

部署・部門	不祥事リスク	関係法令
製造・開発部門	製品・食品事故	消費者生活用製品安全法，製造物責任法
	知的財産権を侵害する	★特許法，★著作権法
	外国人の不法就労	入管法[※1]
	火災・爆発，その他の事故	業務上失火，業務上過失致死傷（刑法）
	産業廃棄物処理の不備	廃棄物処理法[※2]
	公害，環境規制違反（工場等におけるばい煙・排水等の排出基準ほか，データ改ざん，土壌汚染）	環境基本法，大気汚染防止法，水質汚濁防止法
	従業員・アルバイトによる犯罪行為	窃盗，☆詐欺，☆横領，☆業務上横領，☆背任，★不正競争防止法（営業秘密侵害）等　その他私生活上の犯罪行為
	協力業者等に対する不当な取扱い（支払遅延）	下請法[※3]
	製造・使用承認の届出の不備，有資格者の欠員	薬機法[※4]，建設業法
販売・営業部門	談合やカルテル	★独禁法[※5]
	不公正な取引方法	★独禁法
	贈賄（外国公務員含む）	☆贈賄（刑法），★不正競争防止法
	販売に関する許認可・届出の不備	★外為法[※6]，薬機法
	虚偽表示，不当表示	★商標法，★景品表示法
	消費者に不利な契約をする	消費者契約法
	廉価で財産を取得する	★破産法（その他倒産法）
	反社会的組織との取引	▲組織犯罪処罰法，暴力団排除条例
経理部門	簿外資産を作る，粉飾決算をする	★特別背任（会社法），☆詐欺・業務上横領（刑法），★法人税法
	脱税	★法人税法
	担保不足で融資保証をする，融通手形を出す	★特別背任（会社法）
人事部門	労災事故・過労死	労働安全衛生法，労働基準法
	セクハラ・パワハラ	男女雇用機会均等法，パワハラ防止法[※7]
	職務発明に相当な対価を支払わない	★特許法
	企業情報の持ち出し	★不正競争防止法
	不当解雇，残業代未払等	労働基準法
	海外工場での人権問題	
総務・経営企画部門	不良貸付，不当貸付，不当な債務保証，担保の解放，権限濫用，利益供与等	★特別背任（会社法）
	インサイダー取引	★金融商品取引法
	反社会的組織との取引	▲組織犯罪処罰法，暴力団排除条例
	違法な政治献金	政治資金規制法
	適時開示違反	★金融商品取引法
	個人情報等の情報漏えい	個人情報保護法
	違法コピー・利用	★著作権法
	公正取引委員会への届出・報告不備	★独禁法

※1　出入国管理及び難民認定法
※2　廃棄物の処理及び清掃に関する法律
※3　下請代金支払遅延等防止法
※4　医薬品，医療機器等の品質，有効性及び安全性の確保等に関する法律
※5　私的独占の禁止及び公正取引の確保に関する法律
※6　外国為替及び外国貿易法
※7　労働政策の総合的な推進並びに労働者の雇用の安定及び職業生活の充実等に関する法律

はなりません。この一覧を見ると，会社の不祥事リスクのうち，司法取引の対象となり得るリスク（特定犯罪）は現在のところ限定的であることが分かります。

（4） 規程（ルール）の策定，研修，業務手順の工夫（統制活動）

リスクを洗い出し，対応の優先順位が決まると，具体的な対策を講じます。対策の検討・実行に当たっては次の「3本の柱」が重要です。

1本目の柱：制度の構築【規程（ルール）の策定】

まず行うべきは，規程（ルール）の策定です。ルールのないところに遵守はありません。また，コンプライアンスに沿った行動をするように，あるいは独占禁止法に違反しないように，刑法犯罪に及ばないようにといった原則的なルールを課すだけでは不十分です。ルールは，たとえば法令遵守という原則的なスローガン・コミットメント的なものから，意思決定のルール，個別の業務執行のルールまで，マクロからミクロまで，そのレベルごとに適切なルールを策定することが重要です。

司法取引の対象となっている特定犯罪の観点からいえば，たとえば，役員・上司側に特定犯罪への関与のリスクがある場合には，会社における意思決定の権限の所在や意思決定プロセス（稟議方法）について明確にするルールを設けることが考えられます。また，各部署・各職員等の部下側に特定犯罪への関与のリスクがある場合には，たとえば経理における出金ルールを決めた経理規程，公共案件の入札の際の手順や注意事項を定めた入札案件規程などを設けることが考えられます。

2本目の柱：主観的対策【研修，相談窓口，人事考課制度】

次に，策定した規程（ルール）を役職員全員に浸透させなければ

なりません。ルールがあっても，そのルールを役職員が理解せず，知ってはいても遵守できなければ意味がありません。具体的な方策としては，マニュアルの作成，役職員に対する教育・研修，具体的な案件について相談できる窓口の設置，ルール遵守が人事考課において適切に評価（マイナスの評価を含む）される仕組みを作ることが挙げられます。

　司法取引への備えという観点からは，司法取引に関するマニュアル（司法取引の概要，特定犯罪の内容，司法取引の流れ，特定犯罪が起きた場合の手順など）を作成し，それを用いて，特に司法取引が問題になる場面との関係性が高い役職員に対して司法取引に関する研修を行うことが有用です。

　これにより，特定犯罪の主体となる可能性のある個々の役職員による主観的抑止効果（しないように注意する，してはならない，してしまった場合は速やかに報告する）が期待できます。

3本目の柱：客観的対策【ルールに基づいた意思決定・業務の執行とその記録化】

　以上の対策に加えて，規程（ルール）に基づいた意思決定・業務の執行とその記録化が重要です。既存のルールに基づき研修を受けた役職員は，ルールに基づいて日々の意思決定・業務執行を行うことになりますが，ルールの遵守そのものと同程度に，遵守の状況を記録として残すことが重要です。たとえば，意思決定のための稟議であれば稟議プロセスを書類あるいはデータとして記録として残す，業務執行についても日々の業務執行の経緯を報告書・日誌として記録に残すことが考えられます。

　司法取引への備えという観点からは，意思決定プロセスの途中で問題が顕在化し，事前に特定犯罪を防止することにつながりますし，記録を端緒として問題を発見し，記録により正確に事態を把握して

適切な対処をすることも可能となります。

case 3において，外国公務員贈賄を回避するためのルールとしては，たとえば大枠の方針を規定した贈賄防止規程と，禁止行為を具体的に規定し各種手続の詳細を規定するガイドラインの2種類のルール策定が考えられます[7]。

ところで，外国公務員贈賄罪を真の意味で回避するためには，日本での感覚や「社会通念上許容される」といった安易な判断は禁物です。日本では問題のない行為も，ある国では違法であるかもしれず，海外で事業活動をする役職員はその感覚をあらかじめ学んでおくことが必須です。そのためにルール（大枠ではなく個別具体的な規定が盛り込まれたガイドライン等）を策定することが有効であり，その策定に当たっては，各国の賄賂に関する規制内容やその土地独自の感覚やルールについて十分情報収集するとともに，土産物・冠婚葬祭費・接待などの取扱いについて情報提供するなど，国ごとの視点が重要です。

甲会社においてこのようなルールを策定し，海外事業部にいる役職員に日頃から研修を行い，日頃の業務において不安があればすぐに相談できる窓口を用意し，人事考課において，公正な取引を心がければプラスに，ルールを軽視する姿勢はマイナスに評価される（場合によっては懲戒される）ことを周知しておけば，不正に手を染

7　「外国公務員贈賄防止指針」（経済産業省，平成27年7月30日改訂，巻末資料参照）では，防止体制の内容として社内規程の策定を挙げており，「高リスクの業務行為について，当該企業における慎重な考慮を担保するため，以下の要素が盛り込まれた社内規程を策定すること。外国公務員等との接点は，海外のみならず国内においても生じ得ることを勘案し，それぞれに応じた対策の在り方を整理するとともに，各社で一定の社内手続や判断基準等をマニュアル化しておくこと。特に，リスクベース・アプローチに基づき，以下の高リスクの行為については，承認要件，決裁手続，記録方法等に関するルールを制定することが望ましい。」として例示も含め具体的に説明しています。

めるハードルを主観的にも客観的にも高くすることができるでしょう。

　さらに，一定額以上の支出については届出制や許可制にする，日頃の営業活動を記録化して報告させる，国ごとの支出の上限額を定めた判断基準の範囲内であることを支出ごとに記録に残しておくなど，節目ごとに承認・決裁の手続をとり，それらの意思決定の経緯を記録に残しておけば，手続の過程で不正を防止することが可能となり，仮に不正が発生してしまっても，どこに問題があったかが検証しやすくなります。

（5）　内部通報制度（情報と伝達）

　特定犯罪を含むいわゆる犯罪や不祥事への対策として重要視される平時の備えが内部通報制度です。上記のような方策により会社内部で役員や上司が問題を発見できる備えをしていても，漏れを防ぐことは不可能です。そのような場合に備えて，問題を知る者の通報により会社が問題に気付くルートを用意しておく，それが内部通報制度です。

　企業不祥事全般にいえることですが，こと司法取引においては，会社による情報の早期認識，早期対応着手が何よりも重要です。会社の事態確知が早ければ，捜査当局に先んじて調査を行い全容を把握することができますし，その結果得られた証拠の価値は高く，捜査当局との交渉の幅も広がり，効果的に司法取引を利用できる可能性が高まります。反対に，会社の情報入手が遅れ，捜査当局による強制捜査が行われ，大々的に報道がなされてしまえば，会社による事態の打開は絶望的になります。その意味において，特定犯罪の探知は会社にとって極めて重要であり，実効性のある内部通報制度の確立は重要な要素です。

　現在では多くの会社が内部通報制度を設けていますが，形だけで使われた実績はほとんどない，通報があっても適切なところに情報が共有されず通報者の保護が徹底されていないなど，実効性ある内部通報制度になっていない例が散見されます。内部通報制度本来の目的は，見過ごされているか隠されているかして，通常の業務上確知されなかった企業不祥事について，通報者による情報提供を期待する点にあり，そのためには通報者が躊躇せずに内部通報制度を利用できるような工夫が欠かせません。多くの内部通報制度において不十分になりがちなポイントは次のとおりです。あなたの会社にある内部通報制度を次のポイントからもう一度見直し，実効性あるものに再構成してみてください[8][9]。

ア　内部通報制度の概要，通報方法，通報窓口が全役職員に十分周知されているか

　内部通報は設置しているが利用率が低いという例が多く見られるのは，役職員への周知が往々にして不十分であることが原因の可能

8　近年，内部通報制度の活性化の機運が高まっています。いわゆる「民間向けガイドライン」として定着していた消費者庁のガイドラインも平成28年12月9日付けで「公益通報者保護法を踏まえた内部通報制度の整備・運用に関する民間事業者向けガイドライン」として11年ぶりに改訂されています（巻末資料参照）。

9　上記「民間向けガイドライン」における，既存の内部通報制度については中立・公正な第三者等による評価を受け改善する必要性があるとの言及を踏まえて，消費者庁は平成30年5月「内部通報制度に関する認証制度の導入について（報告書）」を公表しました。内部通報制度認証（自己適合宣言登録制度）の実施に係る指定登録機関の指定を受けた公益社団法人商事法務研究会によれば「この内部通報制度を適切に整備・運用している事業者は，社会的に高く評価され，消費者や取引先から信頼されて，企業ブランドの向上，ひいては金融市場や公共調達からの高い評価，優秀な人材の確保等につなげていくことができます。内部通報制度認証（自己適合宣言登録制度）とは，事業者が自らの内部通報制度を評価して，認証基準に適合している場合，当該事業者からの申請に基づき指定登録機関がその内容を確認した結果を登録し，所定のWCMSマークの使用を許諾する制度です。」と説明しています。

性があります。利用率が低いからといって安心せず，まずは役職員への周知を徹底してください。具体的には，内部通報の意義，通報の対象，通報の方法，通報後の流れ（フローチャート）などの必要な情報を，わかりやすくコンパクトにまとめて，社内通達・社内報・メール連絡・掲示板・パンフレットを通じて，または研修・説明会を実施して継続的に周知しましょう。

イ　内部通報の利用者の範囲および対象が十分かつ明確に設定されているか

通報者にとって最初に気になるのは「自分が通報してよいのか（通報窓口を利用してよいのか）」「この情報は内部通報の対象なのか」ということです。ここで「通報しても，窓口違いとはねられてしまうかもしれない」というおそれがあると，通報者は通報を躊躇してしまいます。ただ間口を広げすぎると，逆に本来内部通報の対象ではない社内の苦情や不平・不満までが通報窓口に寄せられるなどして，内部通報が有効に機能しないという場面も考えられます。そのため，内部通報の利用者および対象についてはよく吟味して決める必要があり，さらにそれをわかりやすく明記することが大切です。

ウ　内部通報の手段は容易なものとなっているか

通報が手間のかかるものだと，通報のハードルが高くなります。秘密が守られることが大前提ですが，電話・メール・ファックス・郵便などできるだけ容易な方法で受け付け，通報の際の確認事項を明記したり，通報フォーマットを用意するなど，「利用しやすい通報窓口」とするために工夫する必要があります。

エ　内部通報者への対応は通報者からの信頼を得るものであるか

内部通報窓口を設置している会社でも，通報を受けるだけでその後の対応が通報者にとってブラックボックスとなっていることがあ

ります。それでは自ら進んで通報した者の善意に報いることはできず，また，通報しても何も反応がないと思われ信頼を失う場合もあります。通報を受けた後の動きについて全て報告する必要はありませんが，通報の受領，通報受領後の対応の有無・内容（静観するのか，調査を開始するのかなど）など，通報への対応状況を知らせることは通報者の信頼を得る上で重要です。

オ　通報者の保護は十分か（社内リニエンシー制度の活用）

　内部通報において，何よりも重要なのは内部通報者の保護です。内部通報者の保護は，①秘密の徹底，②解雇などの不利益な取扱いの禁止，③通報者へのインセンティブの3つに分けられます。このうち①②は内部通報制度において必須かつ共通の事項ですが，③の導入については会社の判断に委ねられています。通報者へのインセンティブは「社内リニエンシー制度」とも呼ばれ，法令違反などネガティブな事項に関与した本人が自ら通報した場合には，その者に対する懲戒処分等を減免することができる仕組みをいいます。この「社内リニエンシー制度」は，倫理や公平性の観点から導入している会社は多くありませんが，問題の早期発見・解決のための有効な手段であることは確かであり，減ずるだけで免除はしない，減免するか否かは裁量による，など実態に配慮した設計をすることも可能ですので，導入するか否かを今一度検討するとよいでしょう。

　case 3において，甲会社において内部通報制度が機能していれば，外国公務員に賄賂を提供するよう指示を受けた部下から実行に移す前に通報が望めたかもしれません。上司と部下しかいないような閉鎖的な関係において通報を行うことは非常に勇気がいることです。そのためにも内部通報制度が十分といえるためには，何よりも通報者の保護が万全であること，通報に対してきちんとした対応がなされることが不可欠となります。

（6）　平時監査の実行（モニタリング活動）

　コンプライアンス体制はルールや仕組みを構築すれば後は放置しておいてよいというものではありません。コンプライアンス体制は，コンプライアンス（法令・ルールに従った企業活動）のためのプロセスであり，計画・設計され（Plan），実行されるだけでなく（Do），実際に問題が発生していないか，コンプライアンスの仕組みが正しく運用されているか，成果をあげているか，常にモニタリング（監視）し（Check），見直し，更新し，改善し続けなければなりません（Action）。いわゆる，コンプライアンスのPDCAサイクルですが，このCheck機能を担うのが平時監査です。平時監査の手法は色々ありますが，ここでは司法取引の観点から有用な手法を例に挙げて説明します。

ア　【概括的なモニタリング】研修と合わせたコンプライアンス担当者との面談・アンケートの実施

　優先順位の高い部署・役職員については，コンプライアンスに関する研修に合わせて，コンプライアンス担当の役職員との個別面談，アンケートの実施を定期的に行うことが考えられます。会社の規模にもよりますが，コンプライアンス担当部署の独立性が確保されているほど，通常事業を行う部署にとってコンプライアンス担当部署は遠い存在です。コンプライアンス担当部署は，一般の役職員から，相談窓口として，情報共有先として，頼られる部署である必要があります。コンプライアンス担当部署が行う研修と合わせて，コンプライアンス担当者が現場の役職員とディスカッションしたり，個別面談する機会を持てば，現場でコンプライアンスが機能しているかのモニタリングもでき，情報を収集する機会ともなります。同時に，匿名のアンケートを行えば，内部通報と同様の情報収集機能を期待できます。

イ　【個別具体的なモニタリング】インタビュー・書類監査・メール監査

　case 3のように，営業担当者が外国公務員に対して賄賂を提供するような行為が発生していないか，という個別具体的な事象の監査手法としては，まず，関連する役職員に対するインタビューが考えられます。インタビューにおいて大事なのは，①疑惑の有無にかかわらず定期的に行うこと，②「何か問題はないか」というような抽象的な質問ではなく，「現在進捗しているＡ案件について外国公務員に賄賂を提供するよう求められたり，実際に提供したりしていないか」という具合に具体的に質問することです。インタビュアーとしては，独立性という観点からはコンプライアンス担当部署あるいは内部監査担当部署の担当者が望ましいのですが，業務に精通していない者が個別具体的な質問をするのは難しく，当該部門のトップの協力を得て効果的に進める必要があります。次に，書類監査も個別具体的なモニタリング手法として有効です。たとえば，賄賂の提供の有無の確認に関して，会計帳簿，金銭支出の際の帳票類を調べ，不審な金銭の流れがないかチェックすることが考えられます。これも，想定される犯罪の類型ごとに，有用な業務関係の資料をあらかじめピックアップしておき，定期的または抜き打ちで，ある程度頻繁に調査すれば問題を見つけやすく，同時に犯罪に対する抑止力にもなるでしょう。

　最後に，メール監査も有効な手段として挙げられます。不祥事の後に遡ってメール監査を行うことは多く行われていますが，メール監査は平時においても実施する余地はあります。会社のサーバーを経由した平時のメール監査は，問題の早期発見という効果が期待できる点で大いに効果的な監査方法です。同時に，平時のメール監査は，役職員のプライバシーとの関係，対象となるメールの量が膨大

で監査には大きな負担が想定される点において，実行するに当たってのハードルは低くありません。平時のメール監査を行う際には，たとえば次のような観点での検討が必要です。

- ・当該メール監査が，目的，範囲，方法の有効性・妥当性，企業を取り巻く状況，就業規則・メールモニタリング規程等の有無，役職員のプライバシーへの配慮において合理的な方法といえるか。
- ・就業規則・メールモニタリング規程を策定し，あらかじめ平時のメール監査を行うことを役職員に周知し，包括的な同意を得ておく。
- ・リスク分析に基づく優先順位に基づきメール監査の対象を絞り，さらにその対象を一時に全て監査するのではなく，ローテーションで順繰りに監査する。
- ・メール監査をよく行っている外部機関の補助を得る。

（7）　連絡網と専門家の手配

　どれだけ備えをしていても，有事は突然起こります。コンプライアンス担当部署などあらかじめ設置された担当部署が有事への対応を行い，全ての情報は当該部署に集約され，当該部署のトップが司令塔として動くことになります。しかし，突然の事態に際しては長期の出張で司令塔が不在かもしれず，年末年始で会社が休みかもしれません。緊急の連絡網を作成し，有事の際には即座に必要な人材に連絡がなされ，対応に当たることができるようにしておく必要があります。これらの情報は対応マニュアルとして整備しておくべきでしょう。

　さらに，捜査当局への対応を含めた犯罪や不祥事への対応に当たっては，弁護士から法的な見解やアドバイスを求める必要がありま

す。司法取引の協議には，刑事弁護の知識だけでなく，コンプライアンスをはじめとする企業法務に長けた弁護士が当たることが望ましいことを考えると，あらかじめ候補者を絞って何度かやり取りをした上で緊急の際の連絡先を聞いておき，連絡網に入れておくべきです。また，司法取引の場面においては，往々にして役職員と会社間において利害が対立する場面が想定されますから，信頼のおける弁護士を複数確保しておくことも有用です。

（8）　コンプライアンス体制の整備において参考になる資料

　コンプライアンス体制を充実させるためのガイドラインや参考資料は一つではありません。COSOフレームワークを公表したトレッドウェイ委員会支援組織委員会や内部監査協会（The Institute of Internal Auditors（略称IIA））などの海外の機関が発信する情報，FPCAガイドラインやUKBAガイダンスなど特定のコンプライアンス違反（case 3では外国公務員贈賄）に関連して各国の当局が発信する情報，独禁法関連であれば公正取引委員会，不正競争防止法関連であれば経済産業省，金融機関関連であれば金融庁など，日本の各省庁が策定する指針，一般社団法人日本内部監査協会や，コンプライアンスに関するコンサルタント，監査法人，弁護士などコンプライアンスに関するアドバイザーが発信する情報・書籍など多岐にわたります。

　ここではその中でも，日本語で，インターネットで簡単に入手でき，汎用性の高い参考資料として次の4つを挙げ，巻末に資料（抜粋）としても掲載していますので，ご参照ください。

　　①　「上場会社における不祥事予防のプリンシプル」（日本取引所自主規制法人，2018年3月30日）

　　②　「上場会社における不祥事対応のプリンシプル」（日本取引所

　　自主規制法人，2016年 2 月24日）

③　「外国公務員贈賄防止指針」（経済産業省，2017年 9 月改訂）

④　「公益通報者保護法を踏まえた内部通報制度の整備・運用に
　　関する民間事業者向けガイドライン」（消費者庁，2016年12月 9
　　日）

IV

司法取引を使うとき

1　事件が発覚したとき

（1）　司法取引の活用場面

　社内において犯罪や不祥事あるいはその疑義が把握された場合，当該企業は必要十分な調査により事実関係を把握して原因を解明し，その結果をもとに再発防止策を作成することを通じて自浄作用を発揮することが求められます[10]。

　しかし，これらの対応と並行して刑事手続が進行する場合，従前は，捜査機関に対する企業に不利益な情報や証拠の開示等に過度に慎重な対応をする例もあったように思います。その結果，捜査機関による広汎な捜索差押えが繰り返し実施されたり，当該企業の重要人物を含む多数の従業員の身体拘束がなされる等，捜査機関と企業との間で先鋭的な対立構造が生じ，ともすれば捜査機関に対する長期にわたる多大な労力を要する対応を強いられ，結果的に必要以上に企業のレピュテーションを毀損することもあったように思います。司法取引は，企業内における不祥事の発生に対して，一定の要件の下で，このような当該企業と捜査機関の関係対立構造から，ある意味「協調」して解決する構造に転換することを可能とする制度であり，結果的に捜査，公判に伴う企業のレピュテーションの毀損を最小限度に抑えつつ，迅速な自浄作用を発揮することにより，その早期の回復を図ることができる等企業にとっても，積極的に利用することが考えられる制度です。

---

[10]　不祥事に直面した上場会社に強く期待される対応や行動に関する原則として日本取引所自主規制法人によって策定された「上場会社における不祥事対応のプリンシプル」（https://www.jpx.co.jp/regulation/listing/principle/index.html）においては，①不祥事の根本的な原因の解明，②第三者委員会を設置する場合における独立性・中立性・専門性の確保，③実効性の高い再発防止策の策定と迅速な実行，④迅速かつ的確な情報開示が定められています。

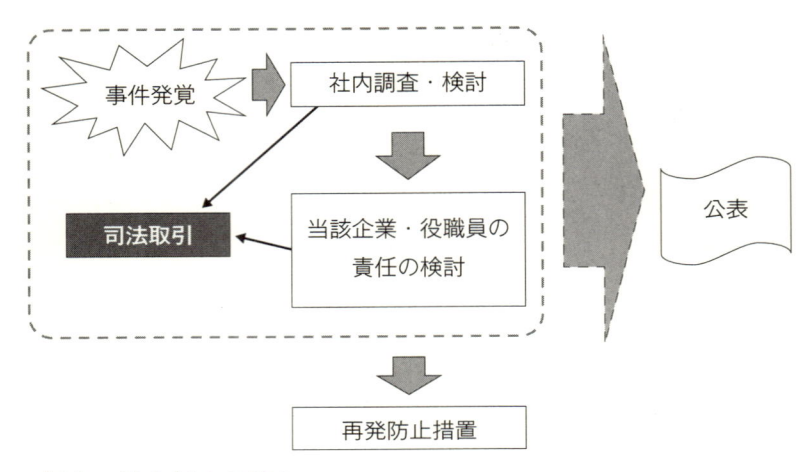

（2）　社内対応の流れ

　犯罪や不祥事の発覚は，社内での自律的な発見（コンプライアンス調査等，内部通報，社内リニエンシー等）と社外からの情報による発覚（取引先等からの通報，税務調査等公的機関による調査，報道等）が考えられます。前者の場合は，一般的な流れとして社内調査（場合によっては第三者委員会による調査）が行われ，事実関係の把握や証拠の整理，当該企業や役職員の処分を踏まえて司法取引に臨むことが可能であると考えられます。他方で，社外の情報による発覚の場合，すでに捜査が開始されていたり，報道等により世の中に広く知られている等，事案発覚後すぐに司法取引を検討する必要がある場合もあると考えられます。また，前者の場合であっても，社外の第三者が関与している場合，当該第三者が司法取引を行ってしまうと，自社または自社役職員について検察官が司法取引に応じない可能性もあるため，早急な判断が必要になります。そのため，いずれの場合であっても，企業としては事件発覚後，最低限，以下のような項目について迅速な対応が必要となります。

ア　体制の構築

　社内において当該事件に対応するための体制の構築が必要になります。この場合，コンプライアンス統括部署等の担当者のほか社外の専門家も選定して調査チームを構成するのが一般的です。

　専門家の選定に当たっては，当該犯罪や不祥事が刑事事件を構成すると考えられる場合，将来司法取引を行うことも視野に，捜査機関との交渉も可能な知識・経験を有する弁護士を選任する必要があります。また，社内担当者の選定に当たっては，コンプライアンス統括部署や法務部などを中心に，当該事件や当事者と利害関係のない中立性・独立性のあるメンバーで構成することが必要です。さらに，将来司法取引を行う際に，捜査機関に社内での証拠隠滅が行われたとの疑いを抱かせることのないよう，情報遮断等の措置を行い，限られたメンバーによる対応が必要となります。加えて，企業と役職員の利害対立が予想される場合，関与する専門家や社内担当者は，企業の代理人であって役職員個人の代理人ではないなど自身の立場を明確にし，必要がある場合には，当該従業員個人の代理人を選任してもらう等利益相反が発生しないよう注意する必要があります。

イ　社内調査と情報収集

　次に，社内調査と情報収集を行います。

　社内調査と情報収集は，①存在する証拠の把握と保全（特に客観的証拠），②関与者の把握（社内での関与者の把握のほか，社外の第三者の関与の有無の把握を含みます），③事実の把握・認定（客観的事実，関与者の認識等主観的事実を含みます）をそれぞれ行います。司法取引を活用する場合には，検察官に提示できる証拠の価値によってその成否が大きく左右されると考えられますし，適切な利害関係を把握した上で司法取引を行うことが必要となりますので，①存在する証拠の把握と保全（特に客観的証拠）や②関与者の把握は必須であ

り，社内調査開始直後，早急に対応すべきです。

ウ 公 表

上場会社における不祥事事案については，原則として迅速かつ的確な情報開示が求められます。しかし，将来司法取引を行う可能性がある場合，証拠隠滅のおそれや証人間での口裏合わせが行われる可能性も踏まえ，情報開示のタイミングについては捜査機関や証券取引所と協議しながら慎重に判断することになります[11]。

2　司法取引の利用の検討

社内調査によって事実の概要を把握することができた場合，①司法取引を行うことが可能か否か，②司法取引を行うことが適切か否か，という観点から司法取引の利用を検討します。

（1）　司法取引を行うことが可能か否か

刑事訴訟法上，司法取引を行うことが可能となるのは，ⅰ）「本人」と「他人」の刑事事件が双方「特定犯罪」であり，ⅱ）「本人」による協力行為が可能な事案です。

まず，「本人」および「他人」の犯罪行為がそれぞれ「特定犯罪」に該当するか否か，認定した事実からどのような犯罪が成立し得るかを検討します。この場合，「本人」と「他人」に成立する犯罪が

11　上場会社は，証券取引所の自主規制に基づき，「有価証券の投資判断に重要な影響を与える情報」については，適時に開示することが義務付けられています。例えば，東京証券取引所の定める有価証券上場規程（http://jpx-gr.info/rule/tosho_regu_201305070007001.html）では適時開示の義務を負うものとして「災害に起因する損害又は業務遂行の過程で生じた損害」が発生事実として定められているほか（402条2号a），「aからwまでに掲げる事実のほか，当該上場企業の運営，業務若しくは財産又は当該上場株券等に関する重要な事実であって，投資者の投資判断に著しい影響を及ぼすものが生じた場合」（402条2号x）等の定めがあり，このことも踏まえた検討が必要です。

同一である必要はありません。たとえば，従業員を介して公務員に賄賂を提供していた企業が，賄賂に供する資金を捻出するために脱税を行っていた場合について，従業員が企業の脱税（法人税法違反）や相手方公務員の収賄（刑法犯）に関する証拠の提出や供述を行うことで，自身の贈賄（刑法犯）について免責を申し出ることも考えられます。

　次に，司法取引においては「本人」による協力行為をすることが必要となっています。具体的には，「本人」による真実の供述，証言，証拠の提出等の協力です。したがって，司法取引を行おうとする「本人」によってこれらの行為ができることが司法取引の前提となります。企業犯罪の場合，その実際の実行者は役職員等企業に所属する自然人です。その場合に，本人の意思や認識に反して，捜査機関に協力させることはできません。検察官へ協議を打診する前に，誰がどのような証拠を有しているか，またどのような協力行為が可能であるかを検討し，当該事案においてキーとなる証拠や人物は誰か，「本人」とすべき人物やその協力行為の内容について整理し，検討しておく必要があります。

　「検察の考え方」によれば，検察官は，司法取引についての協議を開始するに当たって，次の要素を踏まえ，事案を選定するものとされています[12]。

> ①　本人の事件についての処分を軽減してもなお，他人の刑事事件の捜査・公判への協力を得ることについて国民の理解を得られる場合であること

12　「合意制度の当面の運用に関する検察の考え方」『法律のひろば』71巻4号（2018年4月）48〜59頁（巻末資料参照）

②　従来の捜査手法では同様の成果を得ることが困難である
　　こと
③　本人の協力行為によって，制度利用するに値するだけの
　　証拠が得られる見込みがあることおよび協議における本人
　　の供述につき，十分な信用性が担保される場合であること
④　協議に要する時間や任意性の確保等捜査・公判に与える
　　影響

　したがって，「本人」の事件が「他人」の事件より重大・悪質で
ある場合や，企業を「本人」とした場合に当該企業に自浄作用が全
くないなど「本人」の性質上免責・軽減するべきではないと考えら
れる事案や，「本人」が犯罪についての中核となる証拠や重要な証
拠を有していなかったり「本人」の供述が客観的な証拠で裏付ける
ことが困難な場合などにおいては，その「本人」との協議を検察官
が開始しない可能性があります。

　また，当該事案について，従来の強制捜査や取調べによって十分
に「本人」や「他人」の刑事責任が追及できる場合や協議によって
捜査・公判が著しく遅滞してしまうことが見込まれる場合にも協議
が開始されない可能性があります。

　なお，「従来の捜査手法では同様の成果を得ることが困難である」
とは，その捜査の結果のみが考慮されるのではなく，その捜査経過
における人的・物的資源や時間的要素も考慮されるものと考えられ
ます。したがって，司法取引を利用することによって，従来の捜査
より迅速に捜査を進めることができる場合には，「従来の捜査方法
では同様の成果を得ることが困難である」として，協議が開始され
る余地があると考えられます[13]。

　したがって，これらの考慮要素を踏まえ，当該事案について検察

官が協議を開始する余地があるか否か，検討する必要があります。

　最後に，司法取引に当たっては，適切な専門家との連携が必要になります。司法取引は，検察官，本人および弁護人で協議を行うため，弁護人が必ず必要になります（刑事訴訟法350条の４本文）。また，本人の同意があれば検察官は協議の一部を弁護人とのみ行うことが可能であり，弁護人の果たす役割は重要です。他方で，検察官は，協議中は被疑者本人の取調べを差し控えるなど捜査活動に一定の制約を受けるため，長期間にわたって協議を行うことは想定されていないと考えられます。したがって，司法取引を行おうとする場合にはあらかじめ弁護人となるべき弁護士を選任し，把握している限りの事案の概要や証拠の状況，協議において供述する内容をしっかりと共有しておき，検察官との協議において，適切な対応を行い得る準備をしておく必要があります。

　企業犯罪に関して司法取引を行うとする場合，企業と役職員，または役職員相互においても相互に利益が相反することも考えられます。その場合には利益相反の観点も踏まえて被疑者ごとに「本人」の利益を追求できる弁護人を選任する必要が生じる可能性もあります。

13　たとえば，従来の捜査では，強制捜査を行うことで，証拠の確保や従業員の取調べを行うことはできます。しかし，企業犯罪において収集される証拠は膨大であることが想定され，また，どこに有用な証拠が存在しているかも一見して明らかではありません。さらに，企業内の人間関係など社内構造の把握にも一定の時間を要します。したがって，企業内の事情に詳しい従業員等から供述が得られることは，捜査の迅速な進行に寄与するものと考えられ，このような場合も司法取引が活用されることが考えられます。

$$\boxed{\text{C}\,\text{O}\,\text{L}\,\text{U}\,\text{M}\,\text{N}\;3}$$

共犯者供述，利益供与に基づく 供述についての考え方

　検察官が協議を開始する事案の選定に当たっては，本人の供述が得られることのみではなく，その信用性が十分に担保される場合であることが求められています。司法取引は「他人」の事件の証拠とするために「本人」の「真実の供述」を得て，その効果として「本人」の刑事責任を免責・軽減するという構造になっています。従来の刑事手続においては，共犯者の供述は無関係な者に対する巻き込みや自己の罪の擦り付けの可能性があるなど，類型的にその信用性を慎重に判断する必要がある証拠であると考えられてきました。また，「素直に話せば罪を軽くする」という自己免責型の供述は，この利益を得ることを目的として「本人」の意思に基づく供述でないおそれがあり，任意性に疑義があるものと考えられてきました。これらについては司法取引を行う上でも同様の懸念が考えられ，「他人」の事件の証拠として「本人の供述につき十分な信用性が担保される場合であること」はこれらの懸念を確実に払しょくすることができる程度であることが求められると考えられます。

　たとえば，case2（13頁）の場合，AがBに現金を交付した日時・場所について詳細に供述するとともにAがその日時にその場所に実際に赴いたことを客観的に明らかにする証拠を提出し，それに加えてCが賄賂金の捻出方法について実際に使われた伝票等を用いて具体的に供述する場合等は「十分な信用性が担保される場合」に該当する可能性が高いものと思われます。

（2）　司法取引を行うことが適切か否か

　司法取引の手続を行うことが法的に可能であり，検察官が協議を開始する余地がある事案であっても，司法取引を行うという判断が適切か否かについても検討する必要があります。

　検察官は「証拠の重要性，関係する犯罪の軽重および情状，当該関係する犯罪の関連性の程度その他の事情」（刑事訴訟法350条の2第1項）を考慮し，必要と認めるときに合意を行うとしています。したがって，検察官が協議を開始したとしても必ず合意に至るわけではなく，当該事案においてどの程度合意成立の余地があるかその見込みについても検討しておく必要があると考えられます。

　協議開始後の具体的な手続の流れや検察官の考慮要素については本章5において記載していますが，検察官は「本人がどのような証拠を有しているか（証拠の重要性，信用性）」を重視するものと思われます。そして，捜査開始後であれば協議開始時点においても捜査は継続しており，捜査の進捗状況や捜査機関における証拠の収集状況も変化し得ますので，協議開始時点での捜査機関の証拠収集の状況のみではなく，将来，従来の捜査が行われた場合に捜査機関が取得することが可能な証拠を想定しつつ，司法取引を行わなければ事案の解明が困難といえるか否かを検討することで，一定程度，司法取引成立の余地を予測することができると考えられます。

　司法取引の成立が一定程度見込めるとして，実際に司法取引を行うべきか否かについては，次のような要素を考慮して判断する必要があります。

ア　事案解明

　迅速かつ正確な事案の真実の解明は，企業と捜査機関のいずれにとっても重要です。たとえば「他人」となる対象者が否認している場合はもちろん，当該事実を認めている場合であっても，事件の

中心的な人物による証拠や供述を得ることで証拠の確保や把握のために捜査機関が多大な人員や時間を費やすことがなく，迅速な解明に資する場合があると考えられます。

　他方で，司法取引の協議を行うためには「本人」および「他人」の特定犯罪に関する事実を検察官に対して伝えることになりますので，これが捜査の端緒となり，これまで把握されていなかった犯罪まで発覚する可能性があります。また，最終的に司法取引が成立しない場合であっても，協議において行った供述から派生した証拠は証拠能力が制限されておらず，これらの証拠をもとに捜査が行われる可能性は否定できませんので，これらの点も踏まえて検討する必要があります。

イ　刑事責任・その他の制裁

　司法取引の直接的な効果として，司法取引により不起訴や刑の軽減等刑事責任の免責や軽減を受けることができます。これは単に刑事責任を負わないという以上に，公判対応の負担やレピュテーションリスクの軽減につながるものと考えられます。なお，一般的な刑事手続においても，企業が社内調査を行い，原因究明・再発防止策を策定する等自浄作用が機能していると認められた場合，検察官はこれらを情状事実として考慮し，刑事責任の免責や軽減を実施することが考えられます。しかし，これらはあくまで検察官の裁量に委ねられている一方，司法取引では確実に免責・軽減という効果を得ることができるため，司法取引を活用した方が企業に利益になる場合があると考えられます。他方，司法取引によってどのような効果が得られるかは，検察官との協議次第であり，想定どおりの免責や軽減を得られない場合もあり得ます。

　また，企業による違法行為に対しては，刑事責任以外にも許可の取消し等各種制裁を受けるおそれがあります。たとえば，違法行為

により建設業の許可が取り消される場合[14]や役職員の贈賄により指名停止等の措置がなされる場合があります[15]。また，融資契約等の取消事由となっている場合[16]や有罪判決がデフォルト事由となっている場合，これに伴うクロスデフォルト条項がある場合等，私法上の契約に影響する場合が考えられます。このような場合に，司法取引を用いて起訴や有罪判決を避けることで，これらの各種制裁を回避することができる場合があります。

　ただし，これらの各種制裁が刑事罰を要件としておらず違法行為そのものに対してなされる場合には，刑事責任は免責されたとしても，当該違法行為に対し各種制裁が課されるリスクはあり，司法取引による回避は確実とはいえません。司法取引を行うことで自ら各種制裁を受けるおそれを作出する可能性があることも踏まえた対応が必要となります。

　　ウ　レピュテーション

　企業が有罪判決を受けると企業の信用・ブランド価値が毀損されます。司法取引を行って迅速な事案解明を行うことで企業に自浄作用が存在することを示し，さらに刑事罰を避けることができれば，このような企業の信用・ブランド価値の毀損を減じることができる可能性もあります。他方で，たとえば企業が，両罰規定による企業の処罰の減免を得るため，ある意味「会社のため」を思って違法行

14　建設業法28条3項，29条1項6号，国土交通省作成の「建設業者の不正行為等に対する監督処分の基準」
15　国土交通省作成の「工事請負契約に係る指名停止等の措置要領」別表2
16　政府系金融機関である株式会社国際協力銀行では，贈収賄防止の取組を公表しており，融資契約等の対象となる契約に関して，贈賄行為が行われた疑いがあるとして起訴された場合には，融資契約等締結前の時点では，融資の拒否などの措置をとることとされており，また，融資契約等締結後には，貸出停止，融資未実行残高の取消し，または借入人の期限の利益を喪失させるなどの措置をとることとされています。https://www.jbic.go.jp/ja/supportmenu/export/prevention.html

為に及んだ従業員を「他人」として取引した場合，当該企業に対しては，従業員に責任を押し付けて「トカゲのしっぽ切り」をしたとの批判が集まる場合も考えられます。

　ただし，前述のとおり，検察官は協議を開始する際に「「本人」の事件についての処分を軽減してもなお「他人」の刑事事件の捜査・公判への協力を得ることについて国民の理解を得られる場合であること」を考慮要素の一つとしています。ですから，このような司法取引が成立するには，たとえば当該企業のコンプライアンス体制が充実していたのに当該従業員が自己の業績を上げるため，あえてそれに背いて違法行為に及んだというような司法取引をすることに合理性があると認められるような事情があるはずですので，対外的には，この点を適切な方法で真摯に説明していくことが必要であると考えられます。

3　協議開始のタイミング

　司法取引は，検察官，被疑者・被告人のいずれからでも協議の開始を打診することが可能ですが，被疑者・被告人側から打診する際には，捜査機関が強制調査等の手続に入る前に打診することが望ましいと考えられます。捜査が進展し，捜査機関が証拠を確保すれば司法取引成立の余地は少なくなりますし，社外の第三者の関与がある場合，自社を「他人」として司法取引がなされる可能性もありますので，社内で関与者，事実経緯，証拠の確認ができた後，迅速に協議開始を打診する必要があると考えられます。

　ただし，強制捜査等が開始された後であっても，被疑者・被告人が争う場合には，捜査・公判の長期化が予想されますが，司法取引が成立すれば，迅速かつ効率的に真相を解明することが可能となるケースもあり得るため，強制捜査等が開始された後であっても，検

察側が司法取引についての協議を開始し，最終的に司法取引が成立する余地はあると考えられます。

4　司法取引と経営陣の責任

　司法取引は，被疑者・被告人がとり得る刑事手続上の手段の一つであって義務ではないため，社内で司法取引を行う余地が生じた場合に司法取引を行うか否かは経営判断の問題となります。一般的に，経営判断の適否については経営判断原則[17]が適用され，司法取引を行う上で経営陣らが事実を正しく把握していることを前提に，その意思決定の過程や内容の合理性が問われることになります。

　司法取引と経営陣の責任を考えるに当たって参考となる事例として，自社製品の販売につき，公正取引委員会からカルテルの疑いで立入検査を受け，その結果，排除措置命令および約88億円の課徴金納付命令を受けた電機メーカーについて，株主代表訴訟により取締役らに対し損害賠償請求が行われた事案があります。

　この事案は，取締役らの過失の有無として，①カルテルに関与または黙認した過失，②カルテル防止に関する内部統制システム構築義務違反，③課徴金減免制度（リニエンシー）に関する内部統制システム違反，④実際に課徴金減免制度を利用しなかった過失または他社に先駆けて利用しなかった過失の有無が争われたものであり，

---

[17]　経営判断原則においては，取締役等経営陣の決定に善管注意義務違反があるといえるか否かについて，①行為当時の状況に照らし合理的な情報取集・調査・検討等が行われたか，および，②その状況と取締役に要求される能力水準に照らし不合理な判断がなされなかったかを基準になされるべきであり，事後的・結果論的な評価がなされてはならない（江頭憲治郎『株式会社法〔第7版〕』（有斐閣，2017）470〜472頁）とされています。実際の裁判例においても，その判断結果ではなく，①前提となる事実の認識に重大かつ不注意な誤りがなく，②意思決定の過程・内容が合理性を欠かないものであるか否かという要素によって判断されています。

この訴訟のうち，④は，司法取引に関しても類似の損害賠償請求が想定されるものです。

　この訴訟は，裁判所から原被告双方に対し，一定の解決金の支払のほか，裁判所外での真相解明や再発防止に向けた枠組みを作ることでの和解勧奨がなされ，株主の説明責任を果たすことを目的として，その事実関係，発生原因および責任の所在に関する更なる調査と実効的な再発防止策を1年以内に行うことを内容とする和解がなされました。

　この訴訟では，独占禁止法における課徴金減免制度（リニエンシー）が問題となったものですが，司法取引はリニエンシーと異なり，申し出れば必ず減免が得られる制度ではないため，その利用についての考慮要素は複雑であり，経営陣が司法取引を利用しないという判断をしても，現時点では，容易に善管注意義務違反となるものではないと考えられます。他方で，将来，司法取引の活用事例が集積し，合意成立の見込み等がある程度想定できるようになった場合には，この訴訟と同様に善管注意義務が問題となる場合もあり得るものと考えられます。

　経営陣としては，問題となった事案に関する情報を収集した上，司法取引を行うことが可能かどうか，司法取引を行うことが会社にとって適切か否かなどの諸要素について，専門家の意見も聴取しながら慎重に判断し，合理的な意思決定をする必要があります。

5　検察官との協議開始後，合意成立まで

（1）手　続

　協議開始後の基本的な手続の概要は前記Ⅱで述べましたが，「検察の考え方」によれば，協議開始後の一般的な手続としては，以下の図のとおり，ア．弁護人による協力行為の開示，イ．検察官によ

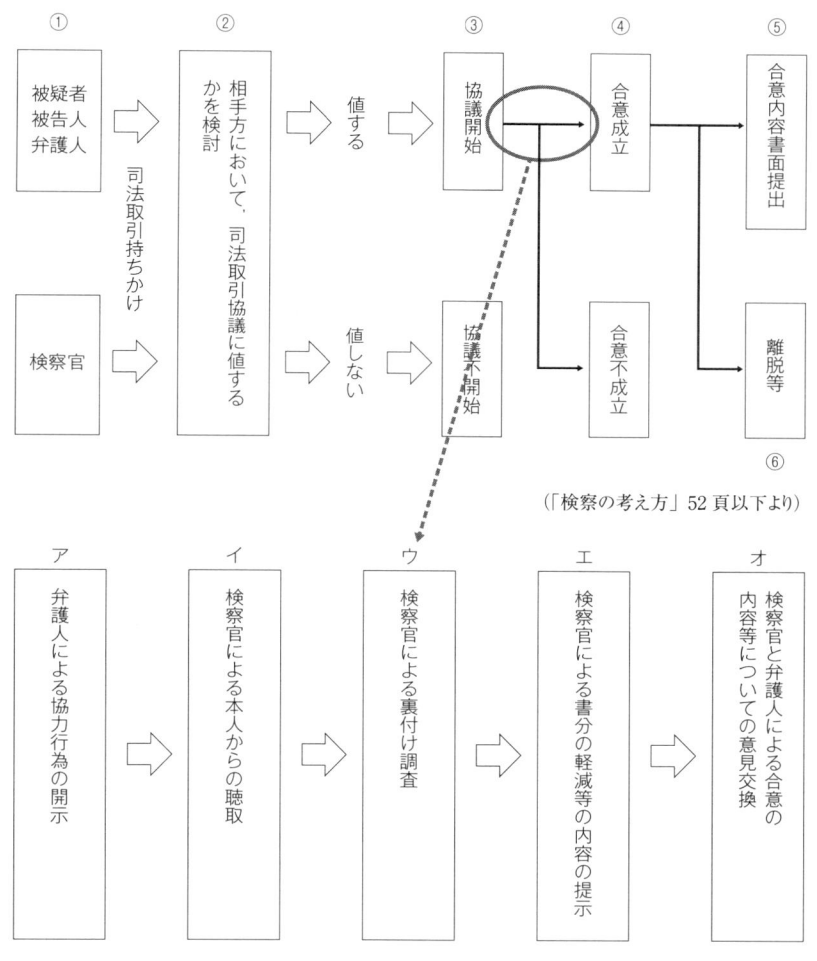

（「検察の考え方」52 頁以下より）

協議開始後から合意成立までの一般的な手続

る本人からの聴取，ウ．検察官による裏付け捜査，エ．検察官による処分の軽減等の内容の提示，オ．検察官と弁護人による合意の内容等についての意見交換という流れが想定されています。

　司法取引の可否や適否については，当然，協議開始以前に検討しておく必要があり，その内容について，協議を担当する弁護人と一

71

定の見通しを共有しておく必要があります。また，司法取引成立の余地についてもあらかじめ想定しておく必要があり，証拠の全体像や捜査でどのような証拠が取得されたかについてできる限り把握しておく必要があります。

（2）　合意成立に関する検察官の考慮要素

　検察官は，「証拠の重要性，関係する犯罪の軽重及び情状，当該関係する犯罪の関連性の程度その他の事情」（刑事訴訟法350条の2第1項）を考慮し，必要と認めるときに合意を行うとしています。

　「検察の考え方」によれば，「合意をするか否か」の判断に当たっては，①合意をした場合に本人が行う協力行為により得られる証拠の重要性や信用性，②本人の履行の意思，③証拠に合意制度を利用するだけの重要性があるかが合意成立のためのキーポイントであるとされています。証拠の重要性について，司法取引の活用は「本人」の犯罪行為を免責してもなお「他人」の犯罪を立証する証拠を得る必要がある場合に限られます。したがって，従来の捜査では現実的に得ることができない証拠（理論上可能であっても膨大な手間や時間がかかる場合も含まれると考えられます）であって，「他人」の犯罪行為を立証するのに重要なもののみが想定されていると考えられます。また，証拠の信用性については，従前，「本人」の犯罪について有利な処分を示しながら得た供述は第三者を巻き込んだり，事実を歪曲する危険があり，信用性のないものとされてきました。この点は，司法取引にも同様の危険が存在するため，合意の成立に際しては，このような危険を払しょくすることが可能な程度に他の客観的証拠等による信用性の補完が重要になります。この観点からすれば，たとえば，検察官に提供できる証拠のうち，最も重要なものが「本人」の供述であって，その裏付け証拠等は存在していないとい

う事案では，検察官との間で合意が成立する可能性は低いと考えられます。したがって，検察官に提供できる証拠が「本人」の供述等の場合は，その核心的な部分について，客観的な裏付けが可能か否かを検討しておく必要があります。

（3）　処分の軽減等に関する検察官の考慮要素

「検察の考え方」によれば，処分の軽減については「合意により本人が行う協力行為の重要性」に応じて決めるとされており，具体的には，①解明対象となる他人の刑事事件の重要性，②本人の協力行為により他人の刑事事件が解明される（見込みの）程度，③当該事件において他人が果たした役割の重要性および組織内での地位，④合意制度以外の方法により収集し得る証拠の内容等が考慮されるとされています。

処分の軽減が受けられる事案としては，基本的に「本人」より「他人」の事件の方が重い罪や社会的に影響の大きい罪を構成するものであることが想定されていると考えられます。また，「本人」の役割や組織内での地位を考えた場合に，企業内においては基本的に権限のある上位者の方が組織内での地位が高く，犯罪への関与の度合いや犯罪の実行において果たす役割が重いのが通常であり，下位者より上位者が「他人」として扱われる場合が一般的であると考えられます。

他方で，役職員が企業の利害を無視して自身の利益のために犯罪行為を行った結果，両罰規定として企業にも犯罪が成立する場合には，企業を「本人」，役職員を「他人」として司法取引を行うこともあり得ます。さらに，旧経営陣が会社ぐるみで犯罪行為を行っていた場合などにおいては企業を「本人」，旧経営陣を「他人」として司法取引を行うこともあり得ると考えられます。

　ただし，前述のとおり検察官は，「本人」の事件についての処分を軽減してもなお「他人」の刑事事件の捜査・公判への協力を得ることについて国民の理解を得られる場合であることを協議開始の考慮要素の一つとしています。したがって，このような司法取引が成立するためには，当該企業のコンプライアンス体制が充実しているとか，旧経営陣による体制が一新され，新経営陣によってコンプライアンス体制が整備された等，司法取引を行うに当たって，合理性があると認められる事情が存在していることが必要になると考えられます。

V

司法取引：
類型別ケーススタディ

1　ケーススタディの視点

　本章では，ケーススタディの形式で，司法取引について検討します。その際には，主に以下の視点で検討を進めますので，各視点について簡潔に説明します。

（1）　成立する可能性のある犯罪

　まず前提として，問題となっている行為が司法取引の対象となる他人の犯罪行為であること，司法取引の対象となる特定犯罪であること，両罰規定により会社が処罰の対象となるかといった点を検討します。

（2）　司法取引の検討（司法取引を行うべき事案か，検察官が司法取引に応じる余地があるかなど）

　ここでは，司法取引の利用についてケースに即して検討します。

　まずは，司法取引が実際に成立すると考えられるかという視点から検討します。被疑者・被告人側から検察官に対して司法取引の協議を打診したとしても，必ずしも司法取引が成立するわけではありません。司法取引により検察官が得られる証拠等を考慮して，司法取引成立の可能性を検討します。

　また，司法取引が成立する可能性がある場合であっても，司法取引の協議を検察官に対して打診することが常に適切であるとは限りません。司法取引を行うことにより，事案の真相解明に資することに加えて，被疑者側としては不起訴等の利益を得ることができ，また，レピュテーションリスク低減の可能性があるといったメリットがあります。他方で，仮に司法取引の協議を開始したにもかかわらず司法取引の成立に至らなかった場合には，司法取引を打診したこ

とが捜査の端緒となり，捜査の結果，捜査機関が従前把握していなかった別の犯罪行為に関する事実が社内から発見される可能性もあります。これらの諸事情を総合考慮して司法取引を打診することが適切か否かを検討します。

（3）　その他（取引成立後の検討課題や公表のタイミング）

ここでは，司法取引成立後に検討すべき課題や公表のタイミングについて特徴ある場合にポイントを取り上げます。

司法取引の当事者としては，司法取引の内容に従って捜査協力等を行うことはもちろんですが，再発防止体制の整備等を行うべき場合も多いと思われます。

２　ケーススタディ

case 4　詐欺

証券会社である甲会社の支店長Aは，自身のアドバイスに従った支店の大口優良顧客Oにデリバティブ取引で多額の損害を負わせてしまいました。Aは，Oから強いクレームを受け，Oに多額の損害を与えたことが発覚すれば，甲会社内での自身の将来が危うくなると考え，部下であるBに対して，Oの損失を補塡する方法を考案するよう指示しました。当初，Bは，損失補塡は違法であるとしてこれを渋りましたが，AはBに対して，「これまでかばってきてやったのに，命令が聞けないのか。」などと厳しく叱責するなどし，Bに指示して，B担当の顧客Pに対し，「当社本社で大口優良顧客を対象に内々に証券運用を行っている。投資すれば毎月高率の配当金を確実に受け取れる。」などと嘘を言わせてPから多額の金銭を騙し取らせ，こ

の金銭でOの損失補塡を実行させました。

　これを皮切りに，AはBに指示して，今度は顧客Pに対する毎月の配当名目で交付する金銭のための資金を捻出するためにB担当の他の顧客Qからも同様の手口で金銭を騙し取り，以後，同様にB担当の複数の顧客やBの多数の知人等を対象に，いわゆる自転車操業の形で同様の行為を繰り返しました。また，AはBが騙し取ってきた現金の一部を遊興にも使い込んでいました。

　この事実の一部が，顧客Rの本社への問い合わせを契機に甲会社コンプライアンス担当取締役であるあなた（X）の知るところとなりました。なお，あなたが知った時点では，上記損失補塡行為は時効となっていました。

　あなたは，司法取引についてどのように考えればよいでしょうか。

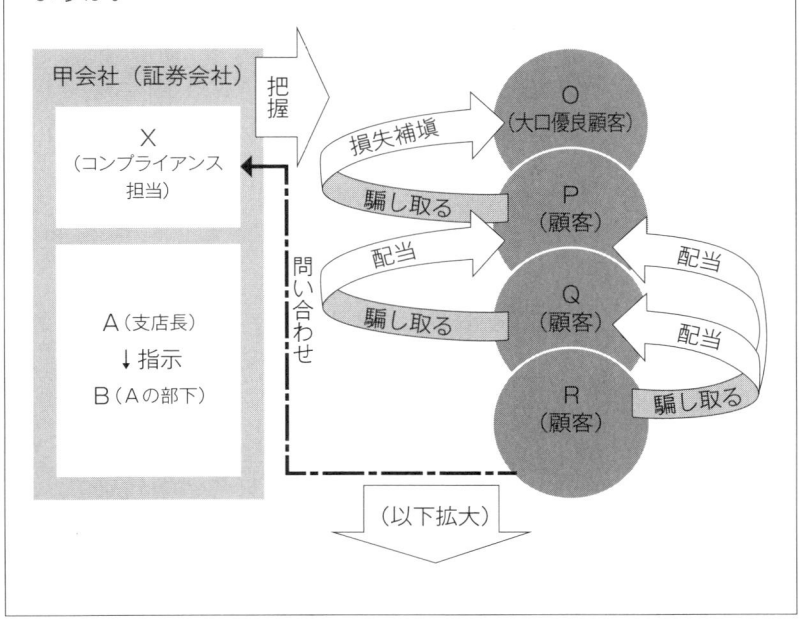

（1） 成立する可能性のある犯罪

　case 4 では，AおよびBが，P以下の顧客に虚偽の投資話を持ちかけて金銭を受領したとのことですから，多数の被害者に対する詐欺罪（刑法246条1項）が成立すると考えられます。Bに詐取された金額以上の金額の配当金をBからすでに受領した被害者に対しても，理屈の上では詐欺罪が成立することになろうかと思われますが，実務上はそのような被害者に関しては事件として立件されないのが通常です。いずれにしても本件のような自転車操業でお金を回していく案件では，詐欺の発覚を防ぐために，先にお金を出した被害者に対して，投資の儲けとして高額の配当名目の金銭を上乗せして次々と返済していくわけですから，その資金を得ていくために被害者や被害金額がどんどん増えていき，返済を受けていない被害者が多数存在することが容易に想像できます。なお，詐欺罪は特定犯罪ですが，両罰規定がありません。

　また，損失補填については金融商品取引法違反（同法39条1項3号，198条の3）が成立し，両罰規定（同法207条1項3号）により甲会社も処罰される可能性がありますが，この点は時効ですので，case 4 では詐欺罪を検討対象とします。

（2） 司法取引の検討

　Xとしては，早速調査を開始しますが，その中心はBからの聴き取りとなります。BがAのことも含めて素直に事実を認めて供述し，これに基づいて聴き取りを行ったAも素直に事実を認める供述をして調査に協力し，事案の概要も容易に把握できるのであれば，Xとしては上司に報告するとともに公表や捜査機関への告訴を直ちに検討・実施することになります。

　問題は，Bが自らの罪責やAの立場を慮って，Xの調査に十分協

力せず，Aのことも一切表に出さなかったような場合です。本件で
は損失補塡を発端に詐欺行為が繰り返されており，場合によっては
支店長や他の支店幹部の関与も疑われるところです。もっとも，詐
欺罪には両罰規定はなく，甲会社が刑事罰を問われるわけではあり
ませんので，Xとしては司法取引を必ずしも検討する必要はなく，
早期に調査を行って，Bを告訴するなどの必要な手続を講じること
になり，一般的にはこれで足りるものと考えられます。

　他方，この状態で告訴しては，会社として事案の真相や広がりが
把握できませんし，Bが捜査機関に協力せず，曖昧な供述に終始し
たような場合，捜査が広範かつ長期間に及ぶおそれもあり，甲会社
に及ぼす影響も大きくなります。ましてやBが，曖昧ながらも事の
発端が損失補塡にあったことを匂わせていれば，それが時効であっ
たとしても会社の信用を大きく毀損しかねない事案であることは容
易に想像がつきます。いたずらに捜査が長引けばマスコミ等の知る
ところとなり，報道が捜査の終結に先行してしまうおそれもありま
すが，そのような事態は避けることが望ましいことはいうまでもあ
りません。

　このような場合，Xとしては，早期の真相解明，最小限の捜査お
よび早期の捜査終結等も目的として，Bに対し，甲会社としても全
面的に捜査等に協力するので，本件に関与している上司がいるので
あれば，その上司を「他人」とし，Bが「本人」として自ら捜査機
関に司法取引を持ちかけ，自己の罪責の減免と引き換えに捜査に協
力する途があることを教示し，勧めることも一つの選択肢として考
えられます。

　そして，本件の場合，以下に述べる理由から，検察官が司法取引
に応じる可能性はあると思われます。

　case 4 は被害者が多数存在する重大事案であり，上位者であるA

が関与している可能性がある事案です。検察官が被害者の範囲や被害の程度等を確定するためには，口座や預かり証等といった物証は極めて重要な証拠となりますが，それらを踏まえてより具体的な被害状況を特定するには，Bの供述が重要となります。

　また，犯行が発覚した場合に備えて，BがAからの指示を録音テープに残し，Aが記載した犯行指示に関するメモやAからの指示を書き留めたメモを残していた場合には，上位者であるAを訴追するためにBが保有している録音テープやメモが重要な証拠となります。検察官が甲会社およびBの個人宅等を捜索することによってこれらの証拠を得られる可能性はありますが，Bから提出を受けた方が簡便である上，当該録音やメモの内容等が第三者にとって明確なものではない場合には，その意味合いを解明するためにはBによる協力が必要となります。

　加えて，事案の全貌を解明するためには事案の発端である損失補塡の経緯まで遡って解明することが必要ですが，そのためには損失補塡の原因となった取引状況や当該取引で顧客に生じた損害額，甲会社における当該顧客との関係の重要性，顧客を失うことが甲会社に与える影響等を明らかにする必要があるので，検察官にとって甲会社の協力が重要となります。

　このようにBおよび甲会社による捜査協力の重要性を考慮すると，検察官が司法取引に応じる可能性はあり得ると思われます。

　最後に，検察官が，本件における実行役のBの刑事責任を減免することが国民の理解を得られるものと判断するか否かの問題があります。本件では，事の発端はAにありますし，Bは上司であるAの恫喝ともいえる強い指示を受けて犯罪を実行せざるを得なかったわけですので，これらを考慮して，検察官が，司法取引に応じても国民の理解を得ることができると判断する可能性は十分にあると思わ

れます。

　なお，AがAを「本人」とし，Bの行為を「他人」の犯罪行為として検察官に司法取引を持ちかけることも，理屈の上では可能です。しかし，一般的に，下位者であるBを処罰する目的で，検察官が，上位者であるAとの間で司法取引を行って有利な取扱いをすることに「国民の理解」が集まるとは思えませんので，仮にAが司法取引の協議を申し出ても，検察官が応じる可能性は一般的にはないものと思われます。

（3）　その他（取引成立後の検討課題や公表のタイミング）

　case 4において，検察官との間でBを「本人」とする司法取引が成立した場合，甲会社としてはBが行う捜査協力と並行して捜査等に協力していくことになります。

　また，甲会社としては，被害者への謝罪やマスコミ広報を並行して行うとともに，甲会社内の再発防止体制を整備することが重要です。

　公表については，基本は，事実の把握後に早期に行うことが重要ですが，事実調査が不十分なまま大きく誤った内容の公表をしたり，対象となる特定犯罪の行為者等による証拠隠滅や逃亡を招く結果となっては，むしろ会社にとって大きなマイナスとなる可能性があります。公表のタイミングについて，時機を失することなく，また，適切な時期に行うことが求められ，すでに検察官に司法取引を持ちかけているような場合には，検察官と協議することを念頭に置く必要があります。

⚖ case 5　品質偽装

　食品メーカーである甲会社では，長年にわたって，品質（原産地）について虚偽の表示がなされていました。

　匿名の内部通報により，コンプライアンス担当取締役であるあなた（Ｘ）は，甲会社において品質偽装がなされていることを知りました。

　あなたが早速社内で調査を行った結果，この品質偽装は製造部担当取締役Ａの主導で行われ，現場の課長Ｂやその他の部署内の従業員は偽装を認識していたものの，やむなくＡの指示に従っていたことがわかりました。もっとも，Ａは，社内の調査において，品質偽装を部下に指示したことを否定しています。

　あなたは，司法取引についてどのように考えればよいでしょうか。

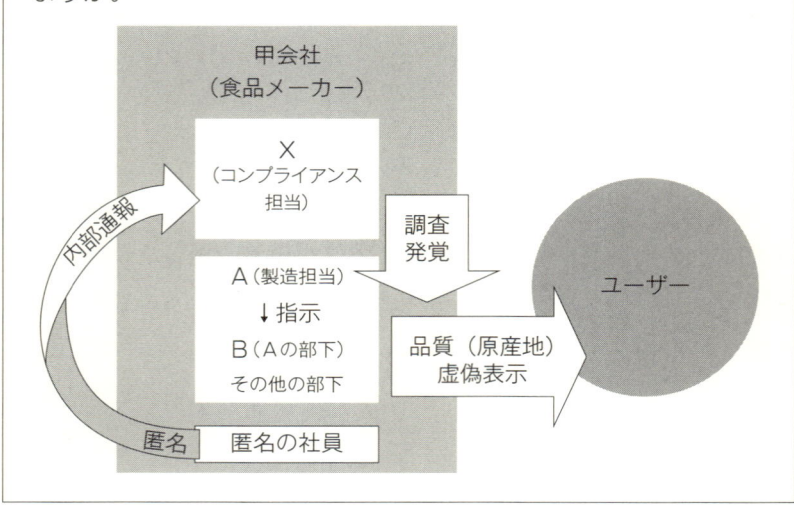

（1）　成立する可能性のある犯罪

　case 5 は，甲会社において，品質（原産地）の偽装がなされていたという事案です。このような行為は不正競争に該当し，刑事罰が

課される可能性があります（不正競争防止法2条1項14号，21条2項
1号）。また，不正競争防止法には両罰規定がある（同法22条1項3
号）ため，甲会社の役職員が行った行為について，甲会社も刑事責
任を負う可能性があります。不正競争防止法違反は特定犯罪の一つ
です。

（2）　司法取引の検討

case5においては，甲会社としては，時機を失することなく品質
偽装の事実を公表しなければならない立場にあります。しかし，A
が会社の調査に協力しないわけですから，Xとしては，早期の実態
解明とこれに基づく適切な対応はもちろんのこと，甲会社が刑罰の
減免を受けることに加え，捜査・公判の早期の終結により甲会社が
受けるレピュテーションの毀損を最小限に抑えることを目指して，
甲会社とBを「本人」とし，Aを「他人」とする形での司法取引の
成立を図ることが考えられます。

この場合，検察官が甲会社を「本人」とすることに応じるか否か
は，それが「国民の理解」を得ることができるものであるかどうか
によります。甲会社が，合理的なコンプライアンス体制を構築して
おり，日頃から従業員に対して違法行為に及ぶことがないよう厳し
く指導していたにもかかわらず，Aが自己の成績のため，あえて会
社の方針に反する行為に及んだといった事情があれば，検察官も司
法取引に応じる可能性は十分にあり，甲会社としては検察官に対し，
その点を十分に説明する必要があります。なお，case5が内部通報
に基づき把握されたものである点は，甲会社のコンプライアンス体
制が一定程度整備されていたことを示すものであり，検察官を説得
する一つの材料となるものです。

また，検察官としては，事案の真相解明のため，会社内の品質管

理体制や，品質偽装に至った内部の経緯を把握する必要があり，そのためには甲会社の協力が必要ですから，Ｘとしては，検察官に対し，この点も積極的に主張して，甲会社を「本人」とする司法取引の成立を目指す必要があります。

　なお，case 5のように，会社が内部通報により，捜査機関やマスコミ等が事実を把握する以前に事実を把握すれば，早期の真相解明に加えて，司法取引の場面においても会社主導で事を運ぶことが可能となる場面があることも念頭に置く必要があります。

　以上の理由から，甲会社が検察官に対して司法取引を申し出て検察官がこれに応じることも十分あり得るものと考えられます。

（3）　その他（取引成立後の検討課題や公表のタイミング）

　case 5において，甲会社を当事者として司法取引が成立した場合，Ｘとしては甲会社の立場から合意の内容に従って，捜査協力を行うことになります。

　また，Ｘとしては甲会社内の再発防止体制を整備することが重要です。

　case 5における公表のタイミングについてですが，Ｘとしては，本件品質偽装がマスコミに報道されるなど社会で問題とされる前に早期に公表したいと思うかもしれません。しかし，早期の公表はＡの逃亡や証拠隠滅を招くおそれもありますし，一定程度の真相解明がなされていない段階で，誤った事実に基づく公表を行うことにもリスクがあります。もっとも，人の生命・身体等に影響が出る可能性がある事案の場合には速やかな公表が不可欠ですが，そうでない場合には，すでに検察官に対して司法取引を持ちかけているのであれば，検察官との間で公表時期や公表内容に関して事前に協議・交渉しておき，悪影響を避けるよう努めることが望ましいといえます。

　なお，内部通報がなされた場合には，調査結果や是正措置について，通報者に対して通知するべきです（消費者庁「公益通報者保護法を踏まえた内部通報制度の整備・運用に関する民間事業者向けガイドライン」，巻末資料参照）。通報者が社内調査の結果や是正措置を把握できていないと，外部への通報がなされてしまう可能性がありますので，Xとしては適時に通報者に対してフィードバックを行う必要があります。

case 6　外国公務員贈賄

　建設調査，計画，設計，施工監理などを業務とする甲会社には海外事業を担当する国際部が設置されています。税務当局（日本）による税務調査の際の指摘で，甲会社内に多額の使途不明金があることが発覚しました。甲会社のコンプライアンス担当取締役であるあなた（X）が社内調査を行ったところ，国際部の担当取締役であるAが部下であるBに指示して，乙国における公益事業を受注するために，乙国の公務員であるCに対して，賄賂を提供していたことが判明しました。

　あなたは，司法取引についてどのように考えればよいでしょうか。

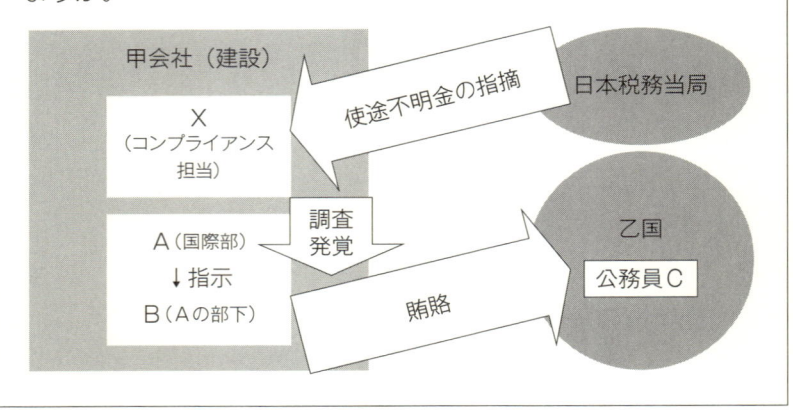

（1）　成立する可能性のある犯罪

　case 6 は，外国公務員への贈賄が発覚したという事案です。AおよびBの行為はいわゆる外国公務員贈賄に該当して刑事罰を科され得るものであり（不正競争防止法18条1項，21条2項7号），両罰規定により甲会社も刑事責任を負う可能性があります（同法22条1項3号）。不正競争防止法違反が特定犯罪であることはcase 5 と同様です。

（2）　司法取引の検討

　case 6 において，「国民の理解」を得るという観点から，検察官は，甲会社のみを「本人」とする司法取引により甲会社の協力を得て役職員であるAおよび下位者Bを処罰し，それの見返りとして甲会社の処分のみを減免することには躊躇する場合があるでしょう。そこで，Xとしては甲会社の立場から，Aから指示を受けて違法行為に及んだBと協力して，甲会社およびBを「本人」とし，Aの犯罪を「他人」の犯罪とした司法取引の成立を目指すことが考えられます。

　本件では，Aによる違法行為に向けた指示の経緯・内容等の立証について，Bの供述が重要となりますので，その他の証拠にもよりますが，検察官が，Bとの間で司法取引に応じることはあり得ると思われます。また，甲会社の内部統制システムが一定程度整備されていたことを前提に，そうであるにもかかわらずAが自己の成績のためにあえて違法行為に及んだような場合であれば，会社内の管理体制や，外国公務員贈賄に至った内部の経緯を解明するためには会社の協力が必要ですから，検察官が甲会社との間でも司法取引に応じる可能性はあり得ると思われます。

　特に，case 6 の場合は，事案が，我が国の捜査権限が及ばない外国を舞台にしており，司法共助による証拠収集にも事実上限界がある一方，国際社会の趨勢において，国際商取引の公正が重視され，これに違反する行為に対して厳しい対応が内外から求められていることからすれば，検察官としては事案の真相を解明するインセンティブは大きいと考えられます。そういう意味で，本件についてはその特殊性から検察官が司法取引に応じる可能性は大きいと考えられます。

　case 6 においても，Xとしては，甲会社を「本人」とする司法取

引を行うことにより，両罰規定による甲会社の処罰を避け，また，甲会社のレピュテーションへの悪影響を低減させることができる可能性があります。

また，会社が起訴され，刑事罰を受ける場合には，許可業の許可取消しがなされたり，国際金融取引における不利益な影響等を受けたりする可能性があります。司法取引を用いて，起訴を避ける等の方法により，各種の制裁を相当程度避けることができる可能性があります。

このような点を考慮すると，case 6においても甲会社が司法取引を行うことは適切といえます。

（3）　その他（取引成立後の検討課題や公表のタイミング）

case 6においても，Xとしては甲会社の立場から捜査協力を行うとともに，再発防止体制を整備することが重要です。経済産業省による「外国公務員贈賄防止指針」（巻末資料参照）では，防止体制の構築に関する一つの手がかりとして，①基本方針の策定・公表，②社内規程の策定（社交行為や代理店の起用など高リスク行為に関する承認ルールや，懲戒処分に関するルール等），③組織体制の整備，④社内における教育活動の実施，⑤監査，⑥経営者等による見直しが挙げられています。再発防止体制の整備の際にはこれらの項目を参考にすることが考えられます。また，後述するFCPAガイドライン等を参考にコンプライアンスプログラムを整備することも有用です。

公表のタイミングについて，case 6は，国民の生命・身体等の安全に影響が出る場合ではありませんが，意図しないタイミングでマスコミ報道がなされてしまう事態と比較すれば，適切な公表を行うことはレピュテーションリスクを低減させることにつながります。もっとも，調査が不十分な状態で公表してしまい，後に前提となる

重要な事実関係が異なることが発覚してしまうとかえって信用が損なわれてしまうこともあり得ますので，たとえば，まずは調査中であることのみを公表した上で，調査を十分に行った上で調査結果を公表することも有効です。いずれにせよ，捜査の妨げとなることを避けるためにも，公表の時期や内容については捜査機関と事前に協議しておくことが望ましいといえます。

　なお，米国のFCPA，英国のUKBAの適用に関しては，違反行為があった場合に自主的に開示することは，制裁を軽減する一要素と考えられています。

┌C┬O┬L┬U┬M┬N┬4┐

FCPAやUKBA等の外国の汚職防止法との関係

外国公務員への贈賄に関しては，日本の不正競争防止法のみならず，外国の贈賄禁止法規についても注意を払う必要があります。外国の贈賄禁止法規としては，米国のForeign Corrupt Practices Act（FCPA）や，英国のBribery Act（UKBA）が代表的なものとして挙げられます。FCPAやUKBAは，域外適用がなされ得る点に注意が必要であり，たとえば，FCPAとの関係では，当事者に米国企業または米国人がおらず，贈賄が米国外で行われる場合であっても，賄賂の支払いが米国の金融機関を介して行われたことのみをもって，適用される可能性もあるとされています。

そして，いわゆる「二重の危険」の法理は，一国内での適用が基本的には問題となるものです。日本の不正競争防止法の関係では，検察官との間で司法取引を行ったとしても，それはあくまでも日本国内での問題であるため，FCPAやUKBAが別途適用される可能性は残ることになります。日本国内で司法取引が成立していれば，外国の当局が，会社が国内で処罰されないことを有利に考慮して，摘発を行わない可能性もありますが，いずれにしても摘発されるか否かは不確実な状況となります。もっとも，コンプライアンス体制を整備することによりこれらの適用を回避できる可能性があるとされていますので，その点も意識して平時の備えを行っておくことが重要となります。

FCPAガイドライン（https://www.justice.gov/sites/default/files/criminal-fraud/legacy/2015/01/16/guide.pdf）によると，米国のDOJ（司法省・Department of Justice）およびSEC（証券取引委員会・Securities Exchange Commission）は，処分について判断する際に，企業のコンプライアンスプログラムについて考慮するとされています。

　そして，その基本的な視点として，企業のコンプライアンスプログラム
が適切に設計されているか，誠実に適用されているか，機能しているか
の３点を基本的な質問として，評価することとされています。また，そ
の際の考慮要素としては，①経営陣によるコミットメントおよび腐敗に
対する明確なポリシー，②行為規範やコンプライアンスポリシー，手続
の整備，③コンプライアンスプログラムの監督，自律，資源，④リスク
アセスメントの実施，⑤トレーニングおよび継続的な助言，⑥動機付け
および懲戒処分，⑦第三者に対するデューデリジェンスの実施，⑧機密
の報告および内部調査，⑨継続的な改善等が挙げられています。そこで，
これらの要素を考慮してコンプライアンス体制を構築することも有用で
す。

　また，米国の量刑ガイドライン（§8C2.5（f）（1）（f）https://
www.ussc.gov/sites/default/files/pdf/guidelines-manual/2018/
GLMFull.pdf）において，法令違反時に，組織が有効なコンプライアン
ス・倫理プログラムを設けていたにもかかわらず法令違反が生じた場合
には，（量刑の基準となる点数を）３点引くものとされています。その結
果，量刑が軽くなり得ます。

　以上のように，FCPA等の外国の法律が日本の不正競争防止法違反に
併せて適用される可能性がありますが，コンプライアンス体制の整備に
より，適用の回避や量刑の軽減がなされる可能性もありますので，平時
においてコンプライアンス体制を十分に構築しておくことが重要です。

$$\boxed{\text{C O L U M N 5}}$$

日本版司法取引が実際に適用されたケース（第1号案件）

　東京地検特捜部が2018年7月，不正競争防止法規定の外国公務員に対する贈賄の罪で，三菱日立パワーシステムズ株式会社（MHPS）の元幹部ら3名を在宅起訴した事案は，MHPSを免責（起訴猶予）した司法取引第1号事件になりました。

　事案の概略は，タイにおいて大型工事を請け負ったMHPSの幹部が，現地で発生したトラブルを解決する目的で，2015年2月に現地公務員に多額の現金を交付したというものです。MHPSは，同年3月，現地従業員の内部通報により事実を把握して社内調査に着手し，同年6月には特捜部に調査報告書を提出して捜査に協力していたところ，MHPSの公表資料によれば，本年6月，検察官からの司法取引の提案に応じたとのことであり，最終的に，当時の幹部ら3名のみが起訴されました。

　この事案の一番のポイントは，司法取引により会社が免責された点です。これによりMHPSは最高3億円の罰金を免れるとともに，刑罰に伴う各種ペナルティや起訴によるレピュテーションの毀損を免れるなど，企業価値の毀損を軽減しました。内部通報当時，MHPS経営陣が仮に事実を隠ぺいしても，後日それが表面化すれば一層深刻な事態になる可能性がありましたし，表面化によって始まるであろう捜査への協力を拒めば，捜索・差押えや従業員の逮捕を伴う長期にわたる捜査とそれに伴う不利益を覚悟する必要がありました。当初からの経緯を見ると，司法取引に応じた点も含めて，経営陣の根底には，重大な違法行為の存在を把握した以上，企業価値の毀損を最小限に抑えるには，捜査機関への申告・協力を含む迅速かつ適切な対応が不可欠とのコンプランアンスに関する正しい認識があったものと思われます。

　他方，経営陣に対しては，「会社のためにやむなく違法行為に及んだ

者を会社の免責のための犠牲にしてよいのか。」といった意見があり，特捜部に対しても，国民の理解を得られないといった意見があります。

　検察が，会社の刑事責任の減免，特に免責まで合意できる「国民の理解を得ることができるような事案」としては，たとえば，会社に合理的な内部統制システムが構築されており，日頃から法令の遵守等について適切な周知・教育が行われている環境下，従業員が，敢えてこれに背いた場合が挙げられます。このような従業員の行為は，多くのステークホルダーを持ち，社会の貴重な財産でもある会社の価値を毀損する背任的行為であり，会社を被害者的な立場に立つものと評価できる場合もあるからです。これに経営陣の適切な事後対応も加われば，検察が国民の理解を得つつ会社の責任を減免する道が生まれるのではないでしょうか。

　本件では，起訴された幹部らに汲むべき事情があったことは十分に窺えます。しかし，外国公務員への贈賄など国際商取引における不公正な競争に対する国際社会の厳しい対応は周知のところですし，賄賂要求に応じないという対応の基本についても共通の認識になっています。何が真に「会社のため」なのかが改めて問われます。

　最後に，検察が本件司法取引を国民の理解を得ることが可能なものと判断した理由です。約３年にわたるMHPSの協力下での捜査によって，必要な証拠の収集は相当程度終了していたはずです。その中で「検察が司法取引を必要とした事情」としては，まず，本件を摘発して的確に処理することがこの種の事案に対して厳しい対応を求める国際社会の要請に応えるものであったことが挙げられます。そして，本件が，捜査権限が及ばない海外の事案であることから，公判終了までの会社の協力を確実にする狙いもあったものと思われます。また，未収集の証拠を司法取引により確保する目的もあったでしょう。他方，「検察から見て司法取引をしてよい事情」としては，本件が，MHPSの内部通報制度が機能した事案であり，通報後の経営陣の迅速かつ的確な対応とその後の長期に

わたる捜査への協力などが示すMHPSの内部統制システムの充実とコンプライアンスに対する意識の高さ，捜査の過程で経営陣が講じた再犯防止策を含む内部統制システムの一層の充実などに対する評価があったものと思われます。

　第1号事件は，会社の在り方や会社と従業員の築くべき関係について改めて考えさせられた事案でもあったように思います。

　追って，本件で起訴された3名に対してはすでに一審で有罪判決が下されており，うち2名については判決が確定しています。

⚖ case **7** 有価証券報告書の虚偽記載

　甲会社は，国内外に多数の関連会社を有する上場企業で，現代表取締役Aの息子であるBが最高財務責任者（CFO）を務めています。あなた（X）は，今後の海外展開の戦略を担当するため，他社からヘッドハンティングによって今回甲会社の取締役に選任されました。

　あなたが甲会社の海外の関連会社の状況を詳しく調査すると，甲会社が社運をかけて進出したタイの子会社乙が毎年多額の赤字を計上しているにもかかわらず，Bの経理担当者Cに対する指示により，これが連結決算に組み込まれておらず，巨額の粉飾決算がなされている事実を把握しました。さらには，Bは，あなたの調査に協力しない上，Cに口止め工作を行っています。

　あなたは，司法取引についてどのように考えればよいでしょうか。

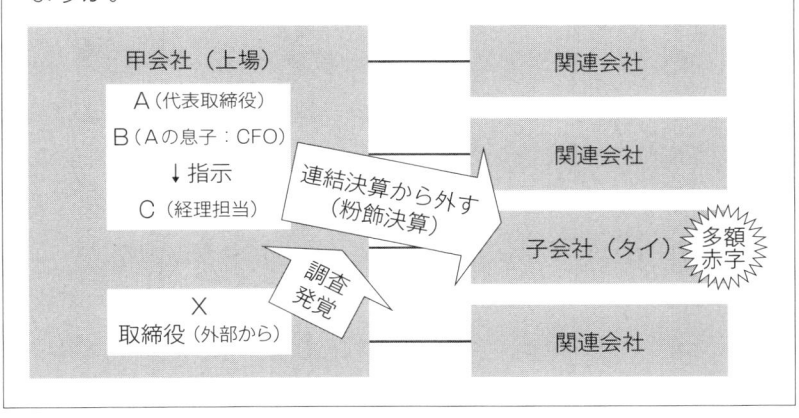

（1）　成立する可能性のある犯罪

　case 7 は甲会社の決算において巨額の粉飾がなされていたという事案です。本件では，処罰の対象になり得るのは，B，Bの部下で

あるC，そして甲です。巨額の粉飾決算であれば通常，甲会社の有価証券報告書の重要な事項について虚偽が記載されていると考えられますので，この有価証券報告書の提出を担当したBやこれに関与した経理担当者である従業員らに特定犯罪である有価証券報告書の虚偽記載（金融商品取引法197条1項）が成立し，両罰規定により，甲会社にも特定犯罪である同罪が成立する可能性があります（同法207条1項1号）。

新たに取締役となったXは，まず事実関係を把握する必要がありますが，司法取引との関係で検討した場合，仮に事件の首謀者であるBの部下であるCの協力が得られる場合には，粉飾決算の首謀者であるBを「他人」，これに加担させられていたCや両罰規定により罰則を適用される甲会社を「本人」として，司法取引の成立を目指すことが考えられます。

（2）　司法取引の検討

まず，検察官による協議開始の余地があるか検討します。Bらの行った犯罪は，上場企業による巨額の粉飾決算という事案であり，市場に与える影響は重大です。この点，Bはこの犯罪の首謀者であり，検察官がBを「本人」とする司法取引の協議に応じる可能性は極めて低いと考えられます。加えて甲も，このような状況を常態化させており，自浄作用が認められませんから，検察官が協議に応じる余地は高いとはいえません。他方で，Cは，Bからの指示で行為を行っており，従属的な立場にありますから，協議開始の余地は相当程度あると考えられます。

そして，甲会社の粉飾決算の事実は，現時点ではXしか把握しておらず，甲会社から積極的に司法取引を持ちかけなければ，通常の捜査によって把握できる状況にありません。さらに，決算のプロセ

スに関する資料や粉飾決算に関する資料はその多くが甲会社の社内
ルール等に基づき作成・管理されていると考えられ，仮に捜索・差
押えによって捜査機関がその証拠を得ることができたとしても，粉
飾決算の実態を解明し関与者を特定するには，膨大な資料の収集・
分析や社内の組織図，基本的なルールについての理解が必要となる
ことが想定され，関与者の協力がなければ，多大な人的・物的資源
と時間を要することが想定されます。

　このような状況を踏まえれば，仮にXや甲会社の調査チームがC
の協力を得て粉飾決算に関する証拠を入手するとともにその実態に
ついて聴取することができれば，事案の解明に大きく資することが
考えられ，検察官との間でC（や甲）を「本人」として協議が開始
される余地があると考えられます。

　さらに司法取引が成立する余地があるか否かという観点から考え
てみます。この場合，Cについては，Bの部下でありBの指示に従
って粉飾決算に関与したにすぎず，その立場は従属的であって刑事
責任が比較的軽いと考えられる上，検察官はCから粉飾の実態等重
要な供述を資料に沿って聴取することが期待できるため，司法取引
によりCの刑事責任を減免することについては「国民の理解」が十
分に得られるものと想定でき，司法取引が成立する余地は相当程度
あると考えられます。他方で，甲会社への減免を検討した場合，本
事案の首謀者であるBは甲会社のCFOであり，本事案は，甲会社の
役員自らが率先して違法行為を犯した事案といえます。加えて甲会
社においては，外部から来たXが調査するまで粉飾決算が発覚して
おらず，甲会社のガバナンス体制が整っているとはいえません。

　司法取引により対象者の刑事責任を減免するには，「国民の理解」
が得られる事案である必要がありますが，甲会社が上記のような状
況であれば，検察官はこのような甲会社について司法取引をするこ

とは，国民の納得を得られないものと判断して，甲会社との司法取引に応じない可能性が高いものと考えられます。もっとも，刑事責任の免責を受けることまでは難しくとも，甲会社において，たとえば捜査に全面的に協力することによって再発防止策を講じるとともに経営陣を刷新する等，甲会社の内部統制を強化するなどの適切な事後処理を講じるなどした場合には，検察官がたとえば求刑（罰金額）を下げるといった形での司法取引に応じたり，司法取引に応じなくとも求刑を決めるに当たって，一定の配慮をすることは考えられます。

　また，司法取引を検討する上で配慮すべき手続上の留意点として，本件では，新たに経営陣に加わったＸのみが事案を把握している状況であり，現経営陣（ＡやＢ）との対立も見込まれるため，まずは適切な調査体制の確保と社内調査に尽力する必要があります。特に，ＣやＢによる証拠隠滅を避けるため，早期に粉飾決算と関わりのない社外役員等や外部専門家等と連携し，客観的証拠の確保を行う必要が生じます。また，司法取引を行うに当たってはＣによる協力が不可欠ですから，客観的証拠を取得した後，早期にＣから聴き取りや調査協力を指示する必要があります。

　なお，本件ではＸは，司法取引に際して検察官が把握していない犯罪事実を申告することになります。そのため，仮に合意が成立しなかった場合には，甲会社が従来型の捜査を受けるリスクがあり，そのことを念頭に置いた上で司法取引を打診するか否か検討する必要があります。

　ただ，本件のような事実を放置することが許されないことは明らかですし，仮に放置しても，いずれ大きな問題となって表明化することは避けられません。

　また，Ｘが，本件事実を把握しながらこれを放置しては，将来自

身が善管注意義務違反を問われる可能性があることも忘れてはなりません。

（3）　その他（課徴金との関係等）

case 7 において，検察官との間で司法取引が成立した場合，Xとしては，甲会社の立場からBが行う捜査協力と並行して捜査等に協力していくことになります。

また，金融商品取引法違反事例については，司法取引が成立した場合であっても，行政処分まで免責されるものではありませんので，課徴金を課される等の行政処分が予想されます。ただし，金融商品取引法には一定の違反行為について課徴金と罰金の調整条項が存在しており，同一事件において罰金の確定判決があった場合には，課徴金の額から罰金の額を控除した額についての納付命令が出されるとされています（金融商品取引法185条の7第16項）。

また，一定の違反行為について，違反者が当局による検査または報告の徴収の前に申告を行った場合には，課徴金の額を半額とする制度（減算制度）が存在しています（金融商品取引法185条の7第14項）。そして，これらの規定は，本件のような有価証券報告書の虚偽記載にも適用があります。このような制度は，司法取引とは直接関係しないため，司法取引の検討と同時にこのような制度も忘れずに検討しておく必要があります。さらに，有価証券報告書の虚偽記載は東証の上場廃止基準[18]に抵触しますので，この点についても対応が必要となります。

なお，正常な内部統制システムを有する企業としては，違法行為

18　有価証券報告書等に虚偽記載を行った場合であって，直ちに上場を廃止しなければ市場の秩序を維持することが困難であることが明らかであると当取引所が認めるとき。

が発覚し，その内容および原因を調査・把握できた場合には，早期の公表が求められます。本ケースでは，新たに経営陣に加わったXのみが事案を把握していますが，Xのみで調査を行うことは困難ですから，Xは，社外取締役やコンプライアンス担当者等と協力し，調査を行う必要があります。この調査に当たっては，AやBによる証拠隠滅等に注意する必要があります。

🔨 case 8　内部者（インサイダー）取引

　上場企業である甲会社の法務部に所属するAは，社内に秘匿していた業務上のミスを反社関係者Bに知られ，会社にミスをばらされたくなければ，株価に影響する企業秘密を教えるよう要求されました。Aは，法務部で仕事をしている中で，甲会社の今年度の業績が予想より大幅に悪化している重要事実を知ったことから，この重要事実が公表される前にBに教え，BはAの情報に基づいて甲会社の株式を大量に空売りして利益を得ました。

　Aは，その後もBから執拗な脅しと要求を受け続けたため，社内リニエンシー制度を使い，上記事実を通報し，コンプライアンス担当取締役であるあなた（X）の知るところとなりました。

　あなたは，司法取引についてどのように考えればよいでしょうか。

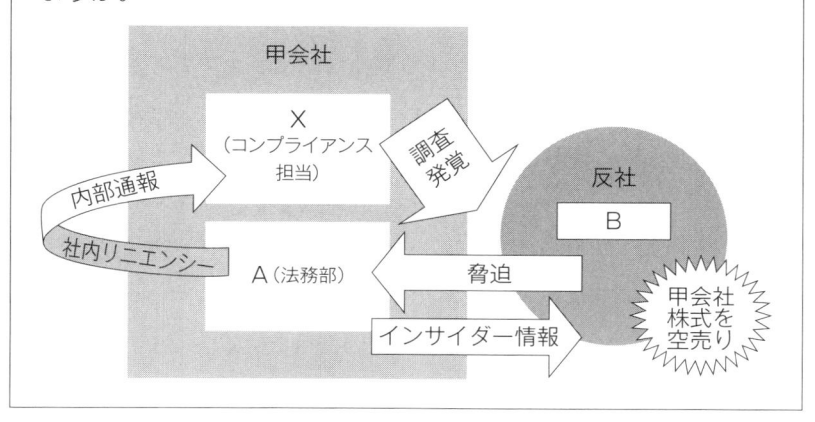

（1）　成立する可能性のある犯罪

　case 8 は，Bはインサイダー取引（金融商品取引法166条 3 項，197条の 2 第13号），Aは重要事実の情報伝達者（金融商品取引法167条の

2第1項，197条の2第14号）として，特定犯罪が成立すると考えられます。

（2） 司法取引の検討

　Xは，Aから社内リニエンシー制度により通報を受けているため，Xの調査に対するAの協力が見込め，司法取引を行うに当たっても，Aと協調して進めることが想定できます。したがって，Aの供述やAの有する証拠物等による「訴追協力」によって，Aを「本人」，Bを「他人」とする司法取引の成立を目指すことが考えられます。
まず，検察官による協議開始の余地があるか検討します。case8は甲社社員とBという個人が主体となった犯罪であり，粉飾決算事案と比較して，その波及効果が大きいとまではいえません。他方で，case8は，インサイダー情報を得た上での大量の空売りが行われたという事案であり市場に与える影響は大きく，かつ，反社会的勢力であるBの関与も認められる重大な事案といえます。また，インサイダー取引における情報伝達は，通常秘密裡に行われ，検察による通常の捜査によって，犯罪行為の核心であるAからBへの情報伝達行為に関する証拠を収集することは困難を伴う場合が多いと考えられます。このような状況からすれば，Aによる協議開始の申入れに対し，検察が応じる余地はあると考えられます。
　さらに，司法取引が成立する余地があるか否かという観点から考えます。case8の場合，Aは情報伝達者という重要な役割を担っていますが，Bが反社会的勢力であることという事情，実際に利益を得たのはBであること，Aは，Bから過誤をばらすと脅されていたこと等の事情を考慮すれば，Aを免責しBを訴追することに国民の納得が得られる可能性が高く，不起訴等大きな処分の軽減を受けられる余地は高いと考えられます。

　なお，case 8においても，捜査機関が把握していない犯罪事実を申告することとなるため，合意が成立しなかった場合に，甲社の社員に対して従来型の捜査を受ける可能性があり，大きなレピュテーションリスクが生じることが懸念されます。しかし，case 8では，反社会的勢力Bの関与が認められ，Bと甲社および従業員との関係を断ち切り，健全な企業活動を行うためにも，捜査機関への申告は不可避であると考えられ，この意味からも捜査機関への働きかけを検討する必要があると考えられます。なお，甲社自身も，インサイダー情報の管理等再発防止の措置を講じる必要があります。

┌ Ｃ Ｏ Ｌ Ｕ Ｍ Ｎ ６ ┐

日本版司法取引が実際に適用されたケース （第２号案件）

　日産自動車株式会社（日産）の代表取締役会長であったカルロス・ゴーン氏が，2018年12月から2019年４月にかけて，東京地検により，金融商品取引法違反（虚偽有価証券報告書提出罪）や会社法違反（特別背任罪）の事実で起訴されました。また，日産も，金融商品取引法の両罰規定に基づき起訴されました。

　報道によれば，現時点でのゴーン氏の起訴事実は，ゴーン氏が，日産の直近７期分の有価証券報告書に自己の役員報酬を実際の報酬額より合計約91億円少なく記載して提出した虚偽有価証券報告書の提出と私的投資の損失を日産に付け替えるなど自己の利益を図る目的などで会社に合計約35億円の損害を与えたという特別背任の事実です。

　検察とゴーン氏の違法行為に協力した日産従業員との間で司法取引が成立したとの報道もあり，これを材料に検討したいと思いますが，起訴事実の成否は裁判結果を待つ必要があることは当然のことです。

　さて，この事件では，当初から複数の犯罪の嫌疑が取り沙汰されていましたし，現に，複数の事実で逮捕・勾留，起訴が繰り返されました。基本的な捜査が終結したと報道される現在まで，外部からは捜査の先行きがよく見通せませんでしたが，司法取引を通じて，日産の経営陣には早い段階からこれが見通せていて，それが次々と生じる課題への対応や社内の取りまとめに役立ってきたのではないでしょうか。

　司法取引は，ある意味で捜査の透明化に資するものです。会社からすれば，捜査の先行きや最終的な処分の内容を事前に把握でき，将来を見通した対応をすることを可能にします。会社が内部調査等で複数の違法行為を把握した場合，どの事実まで司法取引の協議の対象とするべきかはケースバイケースです。しかし，広く申告して合意に至れば，それだ

け将来を見通した対応などが可能になります。申告しなかった事実が表に出た場合のことも考えると，一般的には，捜査機関が把握すれば当然に捜査に及ぶであろう事案については，積極的に協議することが望ましいように思います。日産関係者が検察との間でどのような経緯でどのような合意をしたのかは興味深いところです。

　次に，検察が，企業トップによる悪質で複雑な犯罪の真相解明に協力を得る目的で，共犯的立場に立つ従業員に対して司法取引による刑事責任の減免，特に免責（最終的な起訴猶予処分）といった有利な扱いを与える約束をすることは，司法取引制度が本来目指すところです。本件はそれに沿ったものですが，金商法違反について，会社の刑事責任を減免する司法取引が成立する余地はなかったのでしょうか。

　一般的に，会社代表者が違法行為に及んだ事案について，検察が，他の代表者との間で会社の刑事責任を減免する合意をすることは難しいと思います。検察は，司法取引を行う事案は「国民の理解を得ることができるような事案」であることを前提としています。内部統制システムが充実・機能している会社において，あえてそれに背いて違法行為に及ぶ者が出たような場合には会社の責任を減免しても国民の理解を得ることができる場合があるでしょう。しかし，代表者の違法行為は会社の行為と同視されますし，代表者が違法行為に及ぶようでは当該会社の内部統制が十分であったとはいえないでしょう。ただ，仮に当該会社の内部統制システムに問題があったとしても，会社の責任を減免してでも事件の真相を解明して行為者の責任を追及することに意義がある事案であって，たとえばワンマン経営者による私利を図る事案や会社による事後の適切な対応など一定の条件がそろえば，司法取引による有利な扱いの内容によっては国民の理解を得ることができる場合もあるように思います。

　日産の事件は，仮に嫌疑が認められるとして，それが代表取締役の違法行為であるだけでなく，長期にわたる事案であり，金額も大きい事案

です。そうであれば，これら違法行為に何らかの形で関与した者やそれに気づいて早期に阻止すべきであった者が社内に一定数いたのではないでしょうか。

　もしそうであれば，会社の内部統制システム自体やその運用に大きな問題があったこととなり，強い権限を持つ代表者が私利を図った事案であっても，会社を免責するような司法取引は難しいということになるのではないでしょうか。

⚖ case 9　代表取締役による特別背任

　上場企業である甲会社の代表取締役Aは，営業部長である取締役Cに指示し，Aの息子Bが代表取締役を務める乙会社に対し，Bと共謀して，不当に廉価で甲会社製品を卸させていました。Aは，この廉価販売の報酬として，乙会社の裏金からいわゆるキックバックの支払を受けていました。

　Cが，社内リニエンシー制度を備える内部通報制度を通じて通報したため，甲会社のコンプライアンス担当取締役であるあなた（X）は，上記の事実を知りました。

　あなたは，司法取引についてどのように考えればよいでしょうか。

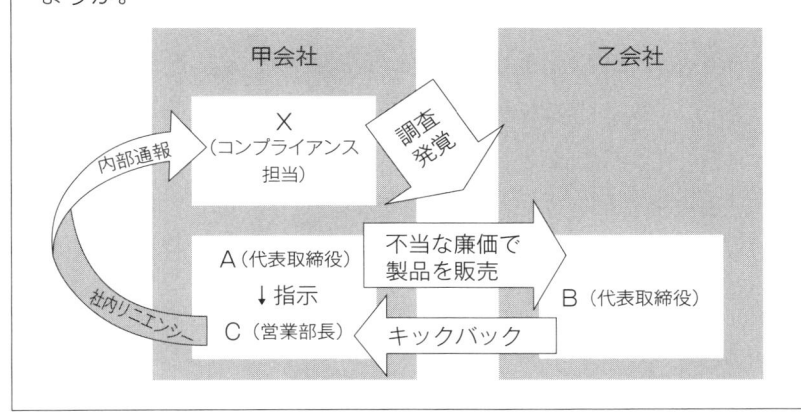

（1）　成立する可能性のある犯罪

　case 9 は，AおよびCが乙会社や自己の利益を図る目的で，甲会社代表者あるいは甲会社取締役営業部長として，適切な価格で甲社製品を販売させるという任務に背く行為をし，適切な販売代金と廉価で販売した代金の差額分相当の損害を甲会社に与えており，AおよびCにつき特別背任罪（会社法960条3号）が成立すると考えられます。また，Aと共謀していた乙会社代表者Bに対し，特別背任罪

の共同正犯（会社法960条3号，7号，刑法65条1項）が成立する可能性もあります[19]。

（2）　司法取引の検討

　本件は，代表取締役の犯罪であり，状況からもXの力だけで真相を早期に解明し，甲会社のレピュテーションの毀損を最小限に抑えることは容易ではありません。

　他方，本件において甲会社は被害者であり，両罰規定がないため，自ら司法取引を行う主体となりません。しかし，甲会社は上場会社であり，本件では，乙会社やBという社外の第三者の関与がありますので，情報を社内のみでコントロールすることができず，社外の第三者から拡散するおそれもあります。いずれにしても早期の事案解明や捜査協力が必要となる状況にあると考えられます。

　そこで，Xは，代表取締役であるAから業務上の指示を受けて本件を実施していたCに対し，Cを「本人」とし，AやBを「他人」として司法取引を行うことを検討させ，Cがかかる司法取引を行う場合に，Xもその証拠資料の提出や捜査に必要となる会社関係者を協力させるなどといった方法により捜査協力を行うこととして，司法取引の成立と，それを通じての迅速かつ正確な真相解明を図り，結果的に甲会社が受けるレピュテーションの毀損を最小限に抑えるよう努力することが考えられます。

　なお，本件において司法取引の主体となるのはあくまで社員であるCであるため，Xは司法取引に関わるに当たっては，Cに対し，Cが司法取引を行うか否かや弁護人の選任等について強制ないし過

19　特別背任罪は，一定の身分のあるものを主体とする「身分犯」といわれる類型ですが，刑法65条1項により，非身分者であっても，身分者の共犯として処罰することが可能とされています。

度な干渉をすることがないよう十分に留意する必要があると考えられます。

　それでは，本件において，検察官による協議が開始される余地があるでしょうか。本件においては，Aは甲会社の代表取締役であり，部下Cにも業務として背任行為に関与させており甲会社を私物化した犯罪であり，甲会社が上場会社であることも考慮すると，事案や社会に与える影響は大きく，重大な事案として，協議開始がなされる可能性があると考えられます。

　また，特別背任に関する証拠や共謀内容は共犯者間のみに存しており，事案解明や捜査効率の観点から，Cを本人とした協議が開始される余地は相当程度あると考えられます。さらに，Cは，Aの業務上の指示に従って当該行為を行っており，AやBと比較して，補助的な役割をしたにすぎないため，Cを本人としてその罪を減免することに国民の納得が得られる可能性が高いと考えられ，司法取引成立の余地も相当程度存在していると考えられます。

case10　法人税法

　建設会社である甲会社の代表取締役社長Aは，法人税額を少なくするために実態のない乙会社および丙会社を設立し，甲会社の関連会社の従業員Bを両会社の代表取締役に据え，両会社に架空の発注をして外注費を計上するスキームを考案しました。

　AはBに事情を説明して協力させ，架空発注の具体的な実行を甲会社の事業部長Cに指示しました。Aの指示に従い，Cは架空の外注費を計上し，乙会社および丙会社への送金等を実行しました。Aは，両会社に外注費として多額の金員[20]をプールし，プール金の一部を私的に使ったほか，プール金の中から，Bに対する報酬を支払いました。外注費増額分により甲会社は所得が減少し，その分の法人税を免れました。

　甲会社の経理を所管する代表取締役副社長であるあなた（X）は，上記の脱税の事実を知りませんでしたが，監査法人から，甲会社の乙会社および丙会社に対する外注費について疑義がある旨の指摘を受けました。甲会社，A，B，Cに司法取引の成立の可能性はあるでしょうか。それを踏まえて，甲会社やあなたは，司法取引も含め，どのように行動すべきでしょうか。

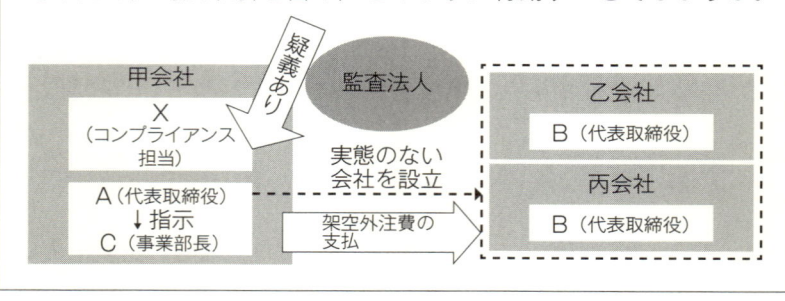

20　脱税捜査は，告発は訴訟要件ではありませんが，検察官は事件を知れば国税に調査を命じ，告発相当の規模なら受けることになります。本件はそのような規模の金額でした。

（1）　成立する可能性のある犯罪

本件で処罰の対象となり得るのは，主として甲，A，B，Cです。そのほか，AやCの指示で関与した社員がいれば，これらの者についても処罰の対象となり得ます。A，B，Cについては，特定犯罪である法人税法違反（159条，いわゆる脱税）が問題となり，甲についても，両罰規定（法人税法163条）により法人税法違反の罪に問われる可能性があります。

本件では，XがAおよびCの犯罪行為について社内調査をした結果，犯罪の嫌疑があると判断された場合，会社として司法取引を含めどのように対応すべきかが問題となります。

（2）　司法取引の検討

まず，甲は法人税を免れた主体であり，たとえば役員であるAや従業員であるCのみを処罰して会社を処罰しない，あるいはあえて甲に科す罰金刑の額を減額するという結論は考えにくく，甲について検察官が司法取引の協議に応じる可能性は極めて低いと考えられます。

しかしながら，刑事責任を問われ得る関与社員等，たとえばCがいる場合であれば，検察官が，関与社員の刑事免責を想定した協議開始に応じる余地はあると考えられます。

この場合，刑事訴訟法350条の２における「被疑者又は被告人」がC（法人税法違反の被疑者）で，他人の刑事事件の「他人」は，AおよびBとなります。

本件は，Aが，実態のない複数の会社を設立し，架空の発注をし，外注費を計上していたという悪質性の高い事件であり，検察官が事案を解明しようとする動機は強く，Cから協力を得てCの供述（Aからの指示内容や当該指示に対してそのような行動をとったか，乙社・丙

社との取引実態等）や偽造等した証拠の提出等の行為が行われれば，事案の解明に大きく資することが考えられます。

　また，Aについては，上記犯行態様の悪質性に加え，架空発注によりプールした資金の一部をAが私的に費消したという事情からすれば，その情状は悪く，かかる事情を検察官が知れば，Aを処罰する必要性が高いと判断する可能性も高いといえます。

　さらに，役員の指示に従った社員は通常従属的な立場にあり，社員らについて司法取引を行い処分しない等の措置をとることが社会的正義に反するとは考えにくいといえます。

　そして，役員の犯罪を明らかにするために社員との間で司法取引を行い，他人（役員）の刑事事件の捜査・公判への協力を得ることについて，国民の理解を得られると検察官が判断することは十分あり得ると考えられます。

　では，Aの犯罪行為についてBに司法取引の協議開始の余地はあるでしょうか。仮にBが司法取引の対象となった場合，BはAから事情を聞かされた上で，乙社・丙社の代表取締役に就任し，その指示を受けて架空の発注を受けたかのように装い，甲社からの送金を受け，乙社・丙社に当該架空外注費をプールしてきたのですから，事案の解明に資する程度はかなり大きいといえるでしょう。

　しかし，本件を主導したのがAだったとしても，Bは，本件脱税のために設立され，脱税スキームで不可欠の役割を果たした乙社・丙社の代表取締役という立場にあり，Aを立件するためとはいえ，Bの刑事責任の軽減等をしてまでAの刑事事件の捜査・公判への協力を得ることについて，検察官において国民の理解が得られると判断するかは疑問があります。

　この点は，AとBの関係や，Bが本件で果たした役割にもより，Bが積極的に犯行に荷担していたか，それともAにいわれるままに従

っていただけか，あるいは，Bが脱税に協力した報酬として受け取っていた金銭の額の多寡など諸々の事情を考慮して判断されることになると思われます。

　もし，BがAの命令に逆らえない極めて従属的な立場にあり，報酬とは名ばかりの僅少な金額しか受け取っていない場合で，Aがプールしていた金額が相当多額に上りAが私的に使っていたプール金の額も大きいなどの事情があれば，Bの司法取引を考える上で，プラスに働く要素といえるでしょう。これに対し，Bが必ずしもAに従属する立場にはなく，仮に，プールした金員を，AのみならずBも私的に使っていたような事情があれば，検察官がBについて司法取引の協議に応じることには極めて大きな障害があるといえるでしょう。このように，Bが司法取引を利用できるかは，これらの諸事情を具体的に考慮して慎重に検討されることになると考えられます。

　次に，捜査機関へ働きかけることのメリット・デメリットを検討します。捜査機関に働きかけを行った場合，本件において，甲の刑事処分が軽減等されることは容易ではないと考えられますが，企業として社会的責任を負う以上，甲が犯罪行為の存在を把握した上で，これを放置したり，社内処理にとどめるという選択肢は考えられません。代表取締役であるXの立場からすると，捜査機関への働きかけを行わず，法人税法違反により甲やA，Cが摘発され，事実が公になった場合，甲について社会的信用の大幅な低下は避けられませんし，A，C以外の社員の刑事責任が問われる事態になれば，社員の就労意欲や社内の士気が大きく損なわれることも懸念されます。とりわけ，事実を把握しながら事態を放置し，摘発に至ったことが判明すれば，甲およびXが社会的に厳しい非難を浴びることは確実ですし，企業のコンプライアンス責任やXの善管注意義務違反が厳しく問われることになると考えられます。したがって，Xとしては，

　捜査機関に対する働きかけを検討しなければなりません。

　企業価値の維持の観点からは，不祥事について積極的に開示し，真摯な対応をする必要性が非常に高いといえます。

　Xとしては，甲の処分の軽減等が難しいとしても，捜査機関に協力する，積極的にAらの犯罪を告発するといった対応をとることが考えられますし，もし，刑事責任を問われ得る関与社員等がいれば，これらの者を説得し，促すなどして，司法取引の協議を持ちかけることを後押しすることなどは十分考えられます。違法行為を行ったことが世間に知れることで一定の社会的非難を受けることが避けられないとしても，早期に調査を行い発表すること，違法行為を撲滅する観点から，積極的に捜査に協力していることをアピールすることで，違法行為に対峙する姿勢を示し，より大きなレピュテーション毀損のリスクを防止できることは，捜査機関に働きかけを行うもっとも大きなメリットといえるでしょう。

　では，捜査機関への働きかけをどのタイミングで行うべきでしょうか。本件では，Xは，監査法人から丙社の外注費について疑義がある旨の指摘を受けた時点では，事件の詳細は把握しておらず，指摘を受けた後の調査の過程で，AやCあるいはBの犯罪を知ることになります。Xとしては，まずは，調査体制を確立し社内調査を行ってから捜査機関に対する働きかけを行うことになりますが，調査を進めていけば，いずれAやCが社内調査に気付く場面がきます。そうなった場合，AやC，Bあるいはこれらの者から指示を受けた社員等による口裏合わせや証拠の改ざん・廃棄などの証拠隠滅行為が行われる危険が出てきます。

　他方で，AもCも協力するかわからない時点では，誰を「本人」とする司法取引について捜査機関に働きかけるかわかりません。したがって，AやCが社内調査に気付く前に，A，B，Cの犯罪につい

ての証拠（関係者からの聴き取り結果や伝票・帳簿といった証拠）を
確保し，A，Cが事実に反する口裏合わせ等をすることを困難にし
た上で，Cを説得して，C（Bを本人とする司法取引の可能性が考えら
れる場合には，Bも）の供述や司法取引の利用の意思の確認を得て
（できる限りAは社内調査に気付く前に），速やかに捜査機関にC（およ
びB）を本人とする司法取引の利用について働きかけをすることに
なると考えられます。

　前述したとおり，本件で甲について処分の軽減を受けることは難
しいと考えられますが，社員等の処分軽減を意図した司法取引を行
うことは十分考慮に値します。

　そこで，刑事責任を問われ得る関与社員等，本件では特にCにつ
いて合意が成立するかどうかを検討してみます。

　Cについては，どの程度事件に関与していたかにもよりますが，
Cが，Aからどのような指示を受け，どのような行動をとったか等
について供述し，そこから脱税のスキームや関係者の役割が明らか
になることもあり得るでしょう。また，Cから，伝票等が偽造であ
ることを裏付ける証拠が提出されたり，改ざん前後の電磁的記録等
が提出されるなどすれば，外注費を架空計上したことの立証に大き
く資すると判断され，検察官が社員等の協力を求めて司法取引に応
じるインセンティブが生じ得ると考えられます。

　そして，社員が役員と比べて，いわば手足ともいうべき従属的な
立場にあることからすれば，社員らについて司法取引を行い，処分
をしない等の措置をとる可能性は十分考え得るでしょう。

　また，Bについて協議開始の余地があるようなケースであれば，
Bについても同様のことがいえます。Aから事情を聞かされた上で，
乙社・丙社の代表取締役を務めていたBにおいて，Aからの指示の
内容や架空の外注費の計上といった手法について明らかにすること

も期待できるでしょうし，架空発注を裏付ける帳簿等の証拠を提出することも考えられ，事案の解明に大きく資する可能性があり，検察官にも司法取引に応じるインセンティブが生じ得ます。

そして，BがAと比べて，従属的であり，Aの悪質性が高い一方Bの悪質性が低いといった事情があれば，Bについて司法取引を行い，処分を減免する等の措置をとる可能性も考えられます。

Xとしては，Bが関連会社の社員であることからすれば，部下であるCに司法取引を行うよう説得するとともに，Bに接触し，Bにも司法取引に応じるよう説得することも考えられるでしょう。

（3） その他（取引成立後の検討課題や公表のタイミング）

Xとしては，司法取引の内容に従って社員等と協力し，以下のような捜査協力等を行うことになると考えられます。

① 証拠を提供すること，すなわち架空計上にかかる外注費の伝票・帳簿，送金記録，関係者のメールのやり取りなどを捜査機関に提供すること

② 関係社員について，自らも積極的に聴き取りを行い，これらの者の供述の裏付けを取る，関係社員に対して，捜査に積極的に協力するよう指示・説得する，監査法人からの指摘の内容などを捜査機関に提供・説明すること

ほかに，これらの協力を行うとともに，本件で司法取引を行うことについて，国民の納得を得られる案件であることを補強する材料として，たとえば甲の修正申告の準備を進めていることを明らかにし，併せて，外注費架空計上スキームの複雑性など，本件について司法取引による関係者の積極的な協力なしには事件の解明が難しいことをうかがわせる事情などを示すことも有用と考えられます。

再発防止のための体制整備や，具体的な再発防止策の策定等が必

要となるのは他のケースで述べたところと同様です。

　また，司法取引の申出や，合意の成否にかかわらず，速やかに過年度決算の訂正や修正申告，重加算税も含めた分の納税等を行う必要がありますが，これを行うと，A（あるいはC）が，自分たちの不正行為が発覚したことを知ることになるため，タイミングを計る必要があります。

　調査の過程で，Aらにおいて，調査が行われていることを察知すると証拠隠滅行為に及ぶ危険があり，調査をしている間に，内部告発等が行われて当局の方から動き出す可能性もあるため，調査やとるべき対応策を迅速に検討する必要があります。

　調査結果の公表の時期については他の事例で述べたところと同様に，捜査の妨げとなるのを避けるため，発表内容を含め，捜査機関と協議を行うことを検討することになります。

　基本的には，捜査終了後が望ましいと考えられますが，強制捜査が行われた場合など，レピュテーションリスクを避けるため，早期に発表をしなければならない場合も考えられます。

　捜査着手後，終了前に公表するのであれば，関係者の証拠隠滅等がなされないよう，公表内容については捜査機関と協議し，現時点で把握している事実の概略や会社として捜査機関に必要な協力をしていることなど大まかな内容にとどまることが多いでしょう。捜査終了後であれば，捜査機関と協議し，後の裁判に影響が出ない範囲で，ある程度詳細に公表することも考えられます。しかし，現実には，事実関係について捜査機関の発表以上の内容を公表することは難しいので，捜査機関の発表とは範囲を変えて，不正が発覚した経緯（本件では監査法人指摘を受けて調査をした結果，AやBの犯行が発覚したなど）やそれに対する会社の対応等について公表することが考えられます。

🔨 case11　独占禁止法

　大手ゼネコンである甲会社は，乙県発注の○工事に関し，公共工事担当部門B部長が中心になって，大手の同業他社数社（丙会社，丁会社）と事前に受注事業者や受注金額の調整を行っていました。

　匿名の内部通報があり，甲会社の代表取締役Aは，Bによる入札談合行為を知りました。Aは，直ちに顧問弁護士らと協議し，社内調査を行った結果，同様の入札談合が２年間にわたり行われていたことが発覚し，さらには，すでに丙会社が，公正取引委員会に違反の報告をしていることが判明しました。なお，未だ公正取引委員会の調査は開始されていません。

　Aは，他の取締役と協議し，直ちに，課徴金の減額を受けるため公正取引委員会に違反内容を自主的に報告することを決めましたが，司法取引を行って，甲会社に有利な取扱いを受けられるのであれば，司法取引も検討したいと考えています。この場合，司法取引を利用するメリットはあるでしょうか。

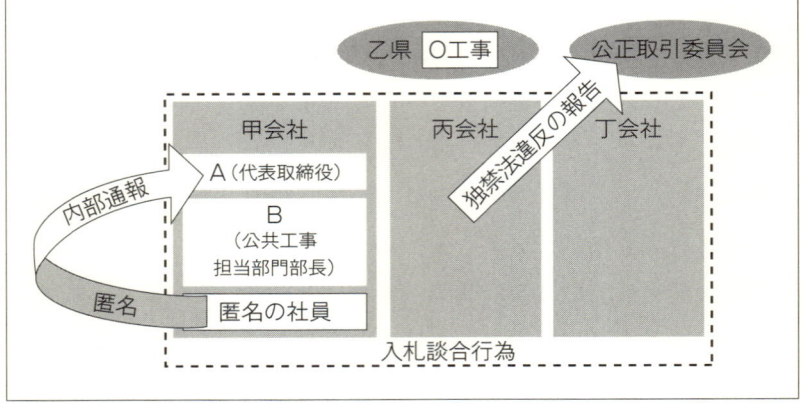

（1）　成立する可能性のある犯罪

本件で処罰の対象となり得るのは，甲，B，談合に参加した他社

およびその談合担当者です。

　本件では，Bおよび他社の談合担当者について独占禁止法上の不当な取引制限の罪（同法89条1項1号，3条）が問題となり，甲および他社については両罰規定（同法95条1項1号）により不当な取引制限の罪が問題となります。また，談合に参加した他社や，その談合担当者についても同様です。

（2）　司法取引の検討

ア　独禁法事件の特殊性（リニエンシーについて）

　独占禁止法上，入札談合行為（不当な取引制限・独占禁止法3条）に対しては，刑罰が科される場合があるほか，課徴金が課されることになっています。そして本件では，司法取引を検討する前に，この課徴金との関係で独占禁止法上のリニエンシーの利用を検討する必要があります。リニエンシーとは，事業者が自ら関与したカルテル・入札談合等について，その違反内容を公正取引委員会に自主的に報告した場合，課徴金が減免される制度です[21]。リニエンシーにおいては，公正取引委員会が調査を開始する前に他の事業者よりも早期に報告すれば，課徴金の減額率が大きくなる仕組みとなっており，公正取引委員会の調査開始日前と調査開始日以後とで合わせて最大5社（ただし調査開始日以後は最大3社）に適用されます。

　公正取引委員会の調査開始前に違反を報告した場合，申請順位1位の者は，課徴金が100％免除され，刑事告発もされませんが，申請順位2位以下の者については，課徴金が50％，3位から5位までの者は課徴金が30％減額されるにとどまります。

　本件では，すでに丙が公正取引委員会の調査開始前に他社に先んじてリニエンシーを利用していますので，丙が申請順位1位となり，甲がリニエンシーを利用しても，甲は課徴金の減額を受けられるに

とどまります。

　では，甲は，リニエンシーの利用にとどまらず，これに加えて司法取引をすることは考えられるでしょうか。

　甲が，不当な取引制限の罪との関係で司法取引を行おうとする場合，刑事訴訟法350条の２の要件について検討すると，以下のように整理されます。

　☆刑事訴訟法350条の２における

　　・被疑者または被告人

　　　　→甲

　　・他人の刑事事件の「他人」

　　　　→Ｂまたは同業他社もしくはその役員等

　そこで，甲の観点から，他人，とりわけ，同業他社，同業他社の役員等の犯罪行為について，訴追協力をする司法取引を行うことの当否について検討します。

21　なお，令和元年６月に，リニエンシーの部分も含めて独占禁止法を改正する法律が成立しました。同改正法は，１年半以内に施行される予定となっています。

　同改正後は，リニエンシーの適用対象者の数の上限は撤廃されます。公正取引委員会の調査開始前に違反を報告した場合，原則として，申請順位２位の者については，課徴金が20％，３位から５位までの者は課徴金が10％，６位以下の者は課徴金が５％減額されるにとどまることになります。しかし，申請順位に応じた減免率に，事業者の実態解明への協力度合い（事業者が自主的に提出した証拠の価値）に応じた減算率を付加するという制度が創設されます。事業者による協力の内容と公正取引委員会による減算率の付加については，両者間で協議して「合意」するという司法取引に類似する制度となりました。

　同改正後の刑事事件の手続も含めた運用の方針については現時点では明確ではありませんが，通常はリニエンシーを行った申請順位１位の者などを通じて，調査に十分な証拠を得ており，司法取引成立の可能性が低いことは，改正後も変わらないか，むしろ，司法取引を活用するインセンティブが一層低下したように思います。

　もっとも，リニエンシーに，司法取引類似の合意手続が導入されるため，本書で記載した司法取引に対する対応については，リニエンシーの合意手続にも参考になる可能性があります。

イ　司法取引の検討

（a）　国発注の公共工事について，複数の大手建設業者が２年間にわたって談合を繰り返していたという事件は，社会経済にも大きな影響を与えるものですし，談合の存在を証明するための資料は，談合参加社（談合参加者）が所持していると考えられることからすれば，事案の解明のためには，談合に参加した者の情報提供が有効であることは間違いありません。

したがって，この点だけを見れば，検察官において，甲との間で協議を開始する余地があると考えられそうです。

しかし，本件では，すでに丙がリニエンシーを利用しています。リニエンシーでは，事業者による違反内容の報告の際，違反内容の報告のみならず，資料を提出することになっています。

ですから，リニエンシーの申請順位１位の者がリニエンシーを行った場合，公正取引委員会および検察官は，通常はリニエンシーやそれをきっかけとしたやり取りによって独占禁止法違反の調査に十分な証拠を得ています。そうすると，申請順位２位以下の者がリニエンシーの利用とともに司法取引をしたいと考えたとしても，すでに独占禁止法違反の捜査に十分な証拠を得た検察官が，司法取引に応じるメリットは通常はないと考えられるでしょう。この点，申請順位１位の者の情報から漏れている共犯事業者の情報を検察官に入れ，その情報が事案の解明のために重要なものと認められれば，なお，司法取引成立の可能性は否定できませんが，レアケースでしょう。

（b）　そうすると，不当な取引制限の罪（入札談合罪）の事案では，まずは独占禁止法上のリニエンシーの利用を最優先に考

えるのが妥当と考えられます。リニエンシーの申請が公正取引委員会の違反調査前に行われ，申請順位が１位であれば，課徴金を免除されるだけでなく，刑事告発も免れることができるからです。そして，本件のように，公正取引委員会の違反調査前でリニエンシーの申請順位が２位以下の場合，あるいは違反調査後の申請の場合，リニエンシーの利用を検討するほか，公正取引委員会の調査や検察官の取調べの中で，司法取引の可能性を探ることもあり得るでしょう。

リニエンシーを利用する場合，自らの違反行為に該当し得る事実を報告し，証拠資料の提出等を行いますが，これに加えて司法取引を利用することを考える場合，リニエンシーに必要な自らの違反行為に関する事実の報告に必然的に伴う限度を超える別の違反行為者の行為等，たとえば，本件とは全く別の事件となる談合等（自らは違反行為者とまではいえないものの，同業他社の違反行為に協力する限度で関与していた入札）について，検察官に有益な情報を提供することができれば，わずかであっても，司法取引により，または事実上，甲あるいは事件に関与したB以外の甲の役職員について，刑の減免を受ける可能性が出てくる余地がないとまではいえません。

また，司法取引が仮に成立しないとしても，過去２年間にわたって同業他社と談合を繰り返して今回の事件に至ったという経緯がある本件について，リニエンシーを利用しつつ，公正取引委員会の調査や検察官の捜査に対して，現在摘発を受けている談合行為についてだけ内容を明らかにし，それ以外の本件に至った経過や同業他社との関係について秘匿するというのは困難を伴いますし，これらの事情を秘匿すれば，真摯な反省がないとして，刑事処分を決するに当たって，不

利な事情として考慮される危険もあります。

　いずれにせよ，違法行為と決別する姿勢を明らかにすることが，コンプライアンス上も将来的な企業価値の維持の観点からも不可欠であることからすれば，談合の事実を認めざるを得ない事案であれば，基本的には公正取引委員会や検察官に対する可能な限りの情報の提供は避けられないと考えられます。

VI

司法取引に巻き込まれたとき

1　会社が司法取引に巻き込まれる局面

　会社が司法取引と関わる場合には，司法取引を積極的に利用する場合と，自社や自社の社員の犯罪を「他人の犯罪」として第三者に司法取引された場合の2つが想定されます。前者は会社が能動的に司法取引に関与することになりますが，後者のように，いわば受動的に会社が司法取引に巻き込まれる局面もあります。司法取引が「他人の刑事事件」に関する検察官の捜査・訴追に協力するのと引換えに検察官が被疑事件・被告事件について不起訴処分や求刑の軽減等を約束する制度である以上，1つの司法取引の成立の裏には必ず主たる捜査の目的となった事件があり，あなたの会社若しくはその役職員がその対象となる可能性は否定できません。

2　会社が司法取引に巻き込まれるパターン

　コンプライアンス担当としてあなたが所属する会社（以下「甲会社」）についてのモデルケースをもとに，会社が司法取引に巻き込まれるパターンを検討してみましょう。

（1）【パターン1】甲会社の社員Bが，共犯者である上司の役員Aあるいは両罰規定による甲会社自体の犯罪を「他人の事件」として司法取引を行う場合

case12

　甲会社は先端事業として有機繊維を取り扱っています。甲会社の役員Aの指示を受けて，その部下である社員Bは，有機繊維を使用した製品を無許可で乙国に輸出しました。
　BがAや甲会社を「他人」とする司法取引を検察官に打診した場合，検察官が応じる可能性はあるでしょうか。

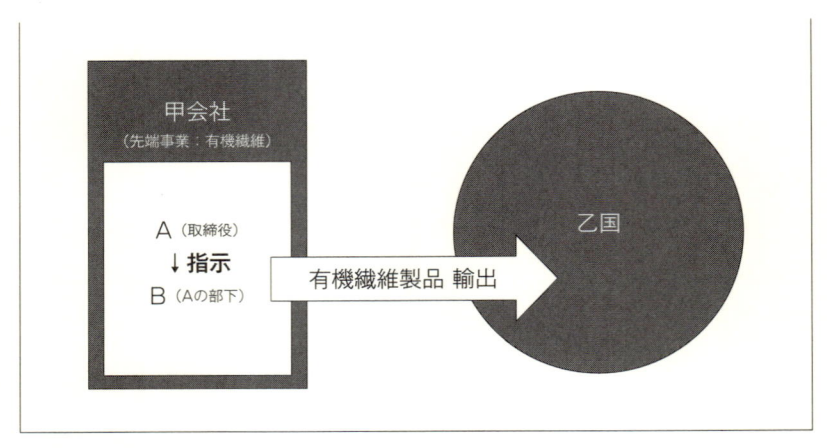

結論：可能性はある。

　case12の役員Aと社員Bが経済産業大臣の許可を受けずに有機繊維製品を乙国に輸出した行為は，兵器や兵器の開発に利用できる高い性能を持つ汎用品などの輸出を制限している「外国為替及び外国貿易法」（以下「外為法」といいます。）に違反し，同違反行為は刑事罰を課されるおそれがあります（同法69条の6以下）。AおよびBの違反行為については，甲会社も両罰規定（同法72条）により刑事責任を追及されるおそれがあります。そして，これらの犯罪は特定犯罪として司法取引の対象となります。

　同じ会社の同僚（上司と部下）であっても，互いに特定犯罪の共犯である場合，BはAや甲会社を「他人」として司法取引の協議の開始を打診することができます。

　上位の者（上司）が下位の者（部下）に指示して具体的な違法行為を実行させた場合，実行者よりそれを指示した上司の責任の方がより重いことは明らかです。にもかかわらず，従来，部下が上司をかばったり，事実がもみ消されたりして，真に責任を問うべき上位の者に対する責任追及がなかなか行われてこなかった実態がありました。これを打破することが司法取引制度の目的のひとつでもあり

ます。

　Bが上司である役員Aを「他人」として，その責任を追及することに協力するのは，司法取引制度が想定する典型的な形のひとつですので，Bからの司法取引の協議開始の打診に対し，検察官が応じる可能性は十分にあります。

　なお，Bの立場から，Aに加えて，甲会社も「他人」に含めて協議を打診することは，Bや検察官にとってあまり意味はありませんが，主犯があくまでもAであり，Aとともに甲会社も罰せられるべき事案であれば，検察官もこれに応じる可能性はあるでしょう。

（2）【パターン2】社員Aが，自らが所属する甲会社の犯罪を「他人の犯罪」として司法取引を行う場合

case13

　甲会社の社員Aは，取引先の乙が胴元となり常習的に競馬によるいわゆる「ノミ行為」を行って不法な利益を上げていることを知りながら，乙がノミ行為を行う事務所の清掃を請け負って，その代金を受領していました。Aが甲会社を「他人」とする司法取引を検察官に打診した場合，検察官が応じる可能性はあるでしょうか。

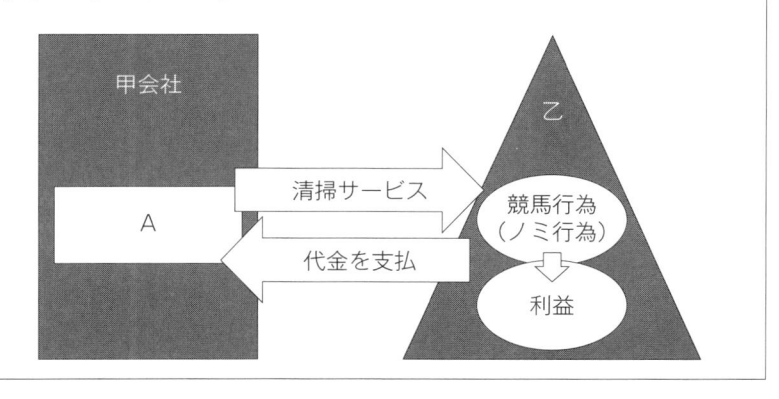

結論：可能性は低い。

　日本においては，日本中央競馬会，都道府県または指定市町村以外の者が勝馬投票券その他これに類似するものを発売して競馬を行う行為は，競馬法で禁止されています（同法1条の2第6項）。Case13で甲会社の取引先の飲食店乙が行っている行為は，競馬法が禁じている私設の競馬行為，いわゆる「ノミ行為」で，犯罪です（競馬法30条）。Aは，乙が犯罪により収益を上げていることを知りながら，その違法な収益から清掃代金を受け取っています。Aの行為は，マネー・ローンダリング（資金洗浄）行為の処罰等について定めた「組織的な犯罪の処罰及び犯罪収益の規制等に関する法律」（以下「組織的犯罪処罰法」といいます。）の定める，「情を知って，犯罪収益等を収受した者」を罰する犯罪収益等収受罪に該当し（同法11条），社員Aの違反行為について甲会社も両罰規定により刑事責任を追及されるおそれがあります（同法17条）。組織的犯罪処罰法に定められた罪は特定犯罪として司法取引の対象となります。

　Aにとって甲会社は「他人」であり，甲会社も両罰規定により刑事責任を問われることからすれば，同社の「刑事事件」は観念できるため，理論的には，社員Aが甲会社にも成立する犯罪収益等収受罪を「他人の刑事事件」として司法取引の協議の開始を検察官に打診することはできそうにも思えます。

　ここで，両罰規定とは，社員の業務に関する違反行為について，その社員本人とその雇用主である会社を併せて処罰することをいいます。社員の違反行為について，その雇用主である会社だけを処罰することを代罰規定（転嫁罰規定）といいますが，このような定めは日本にはありません。つまり，法は，あくまで行為者である社員を罰するのと同時にその所属する会社を処罰することを予定しており，違法行為の直接の主体は社員であって会社はその社員に対する

選任監督上の過失責任を負うと考えているのです。このような両罰規定の考え方を前提とすると，捜査協力と引換に，自ら違法行為に及んだ社員の責任を減免し，会社の社員に対する選任監督上の過失責任だけを追及するというのは一般的には国民の理解も得にくいでしょう。その意味では，実際に社員が会社を「他人」として司法取引を行う場面は想定しにくいと考えます。

（3）【パターン３】共犯者である外部者Bが甲会社の社員Aあるいは両罰規定による甲会社自体の犯罪を「他人の事件」として司法取引を行う場合

⚖ case14

　甲会社と乙会社は，業務提携して，丙国において大型建設工事を行っており，甲会社の社員Aと乙会社の社員Bは共謀して，丙国の公務員Cに賄賂を渡しました。

　Bが甲会社およびAを「他人」とする司法取引を検察官に打診した場合，検察官が応じる可能性はあるでしょうか。

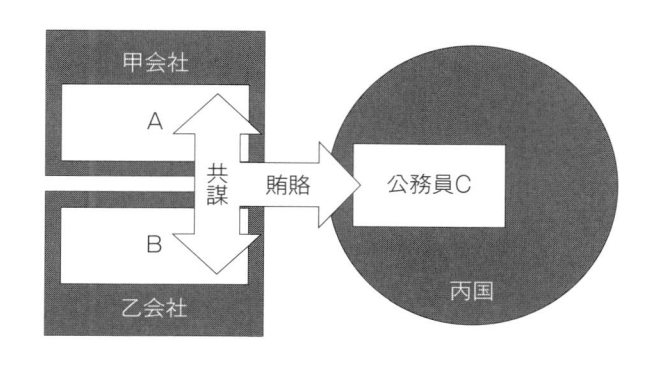

結論：可能性はある。

　case14は本書において何度も登場している犯罪ですが，Aの外国

公務員に対する贈賄行為は不正競争防止法違反（同法18条）であり，甲会社も両罰規定（同法22条）により刑事責任を追及されるおそれがあります。そして，これらの犯罪は特定犯罪として司法取引の対象となります。この場合において，Bが共犯であるA（およびその両罰規定により罰せられる甲会社）を「他人」として司法取引を行うことは制度が想定しているところであり，Bの協力を得るべきインセンティブが検察官側にあれば，司法取引が行われる可能性はあります。さらに，Bの所属先である乙会社としても司法取引の成立により両罰規定による処罰を免れる可能性もあり得ますので，Bと協力して司法取引を行うことも考えられます。

3　司法取引に巻き込まれることを回避する手段

　上記のとおり司法取引に巻き込まれるパターンを理解できると，どのような立場の者が司法取引の協議の開始を申し出るかが想定できるようになります。case12でいえば社内の部下的な立場にある社員，case14でいえば協業していた他企業の社員ということになります。それでは，そのような潜在的な「司法取引利用者」すなわち「本人」が，そもそも司法取引を行えないようにしておくことを確実にする手段はあるでしょうか。結論としては，そのような方法はありません。司法取引制度は，捜査や立件の困難性が高い組織犯罪等の犯罪について，手続の適正を担保しながら事案の真相解明に資する供述等を得る方法として導入されました。このような制度趣旨からすれば，会社が社員に対して，検察官に対する司法取引の協議の申入れを行うことを禁じるような規定を就業規則に設けたり入社に当たって誓約させたりすることは，社員から法令に基づいて処罰の減免等を受け得る機会と利益を奪うだけでなく，検察官の適法な捜査等を妨害する行為ともなり，公序良俗に反し許されません。こ

のことは，司法取引を行ったことをもって，事後的に，司法取引を行った取引先の会社や社員に守秘義務違反等を問う行為についても同様です。

　ただし，会社にとって不利益な司法取引（合意）がなされないための方策はあり得ます。すなわち，一定の場合に司法取引を行うかもしれない立場にある者，すなわち潜在的な「本人」に対して，問題解決として，司法取引よりも選択しやすい（利用しやすい）方法を提示しておくことは考えられます。

　たとえばcase12において潜在的な「本人」は自社の社員です。本書でも触れた会社における内部通報制度の充実，すなわち通報者保護の徹底，特に社内リニエンシー制度は，当該社員に，いきなり自らが検察にかけあって司法取引の協議の開始に着手するのではなく，「まずは内部通報をしよう」と考えさせるインセンティブになります。司法取引には弁護士の介在が必須であり，主観証拠だけでなく，客観証拠の提供も重要となりますから，一般社員が行うには負担の重い作業です。「不正を指示した上司を信頼することはできないが，会社自体は信頼できる」または「内部通報をすれば，不正を糾し，通報者の立場を守ってくれる（場合によっては社内リニエンシー（社内における責任の免責）という見返りも与えてくれる）」と社員が考えれば，ハードルの高い司法取引ではなく内部通報を選択することが期待できます。そのためには，平時からコンプライアンス遵守体制を整備し，社員からも信用される会社であることが重要です。

　なお，上記の内部通報制度の充実やリニエンシー採用といった方策は，あくまでも潜在的な「本人」が内部（社内）の者である場合に限られます。たとえばcase14の乙会社のBのように，内部の人間だけでなく，外部（社外）の者が共犯的立場で特定犯罪に関わっている場合には，外部の者もまた潜在的な「本人」となりますので，

その外部者に先んじて司法取引を行う以外には，あまり有効な方策はありません。

4 司法取引に巻き込まれた場合の対応策

　実際に司法取引に巻き込まれた場合，すなわち自社あるいは自社の社員の犯罪行為を「他人の刑事事件」として第三者が司法取引を行った場合，会社にはどのような対応策があるのでしょうか。

（1）【対応策1】違反事実・不正を争う

　誰であっても，刑事裁判において有罪が確定するまでは無罪として扱われなくてはなりません。被疑者や被告人には無罪を証明する責任はなく，検察が有罪（犯罪）を証明する責任を負っています。

　司法取引は，本人が他人の刑事事件について証拠収集など捜査に協力する見返りに，本人の事件について有利な扱いを受ける制度であり，本人が有利な扱いを受けたいがために，無辜の者を巻き込む危険性を常にはらんでいます。そのため，実際の刑事裁判においては，司法取引によって本人から得た供述などの証拠については通常捜査において入手した証拠以上に慎重な取扱いが求められます。さらにいえば，司法取引の対象となる特定犯罪は競売妨害罪，文書偽造罪，詐欺・恐喝その他組織的犯罪など多岐にわたりますが，そのうち会社やその社員が「他人」として司法取引される犯罪は，主に財政経済関係犯罪（租税に関する法律，独占禁止法，金融商品取法に規定する罪その他の財政経済関係犯罪として政令で定めるもの）です。この財政経済関係犯罪には，ある行為が不正または違反に当たるかが客観的・一義的に定まっていないものがある上に，会社や社員に対して刑事責任を追及するためにその行為の業務性（会社との関連性）や故意・過失などの主観的要素の証明が必要となることが多い

ことから，財政経済関係犯罪は立件に困難が伴うといわれています（そのために，この種の犯罪については司法取引を通じて供述などの証拠を収集する必要性が高いともいえます）。

　司法取引が成立したからといって有罪（犯罪）が確定したわけではありませんので，争うべき事案は争うべきです。とはいえ，闇雲に争うことは会社等争う側の社会的評価の低減につながり，情状を悪化させ，不利益な結果をもたらしかねません。検察官も，司法取引に潜在する危険性は十分に承知しており，単なる供述証拠だけで司法取引を行うことは想定されていません[22]。司法取引が成立するということはすなわち，検察当局が刑事裁判で通用する程度に信用性の高い証拠があると判断したことを意味します。

　何よりもまず事実関係についての調査・究明を徹底し，以上で説明したような要素を慎重に見極めた上で，会社として司法取引の対象となっている特定犯罪について争うべきか否か慎重に判断することが必要です。

（2）【対応策2】捜査に全面的に協力する

　（1）で述べたような検討の結果，対象となっている不正や違反が確かに存在しそうだ，という結論に至る場合もあります。その場合は，一般的な不祥事と同様に，迅速かつ適正に対応し，社会に対する責任を果たし，レピュテーションリスクを低下させるなど，損

---

[22]　「検察の考え方」（巻末資料参照）によれば「合意に基づく供述の信用性は，他人の刑事事件の公判において慎重に判断されることになる上，合意をした本人が合意後に虚偽の供述をして無関係の第三者を巻き込み，あるいは，事実を歪曲して第三者に責任を転嫁する事態はあってはならないため，そのような事態が生じないよう，合意に際しては，協議における本人の供述の信用性の吟味を徹底して行う必要がある。」「協議における本人の供述につき，裏付証拠が十分にあるなど積極的に信用性を認めるべき事情がある場合にのみ，合意することとする。」とあります。

害の最小化に努める必要があります。

　一般的な不祥事対応としては，①不祥事の根本的な原因の解明，②第三者委員会を設置する場合は独立性・中立性・専門性の確保，③実効性の高い再発防止策の策定と迅速な実行，④迅速かつ的確な情報開示が挙げられますが[23]，不祥事の内容が特定犯罪である場合には，これに⑤当局の捜査への全面的協力が加わります。

　いざ不祥事が起きたときに迅速に対応できるよう，平時からコンプライアンス体制を充実させ，不祥事対応マニュアルなどを策定しておくことが必要です。

（3）【対応策3】社員と協力して司法取引を行う

　case12のように，社員Bが役員Aを「他人」として司法取引を行った場合，甲会社も両罰規定により処罰を受けるおそれがあります。この場合，甲会社が社員Bと協同して司法取引を行い，自らも訴追免除や刑の軽減という利益を受けることも考えられます。

　具体的には，甲会社は役員Aの特定犯罪の立件に資するような社内資料を客観証拠として提出します。社員Bは，役員Aから指示を受けて特定犯罪に及んだことについての供述を積極的に行います。検察官には甲会社と社員Bの双方と司法取引を行うインセンティブがあり，社員Aと協力して甲会社も司法取引を成立させる努力をする局面も想定されます。

　会社が社員と協力して司法取引を行うためには，内部通報制度や社内リニエンシー制度を充実させておき，社員Bが自ら司法取引を試みるより会社に通報することを選ぶような環境を整えておくことが素地になります。

23　「上場会社における不祥事対応のプリンシプル」（日本取引所自主規制法人，2016年2月24日，巻末資料参照）

参考資料

合意制度の当面の運用に関する検察の考え方

平成30年 4 月

最高検察庁新制度準備室

はじめに

　本年 6 月 1 日から施行される「証拠収集等への協力及び訴追に関する合意制度」（以下「合意制度」という。）の適切な運用を図るため，最高検察庁において，「合意制度の運用に関する当面の考え方」を作成した。合意制度の具体的な運用の在り方について，検察としての当面の考え方を示すものであるが，その内容は次のとおりである。

一　合意制度の趣旨及び概要

1　趣旨

　組織的な犯罪等において，首謀者の関与状況等を含めた事案の解明を図るためには，組織内部の者から供述を得ることなどが必要不可欠である場合が少なくないところ，近時，取調べによってかかる供述を得ることが困難となってきていることも踏まえ，手続の適正を担保しつつ組織的な犯罪等の事案の解明に資する供述等を得ることを可能とする新たな証拠収集方法として，合意制度を導入することとされたものである。

2　概要

　合意制度は，特定の財政経済犯罪と薬物銃器犯罪について，検察官と被疑者・被告人（以下「本人」という。）とが，弁護人の同意がある場合に，本人が他人の刑事事件について証拠収集等への協力をし，検察官が，その協力行為を考慮して，本人の事件につき不起訴処分や特定の求刑等をすることを内容とする合意をすることができるというものである（刑訴法350条の 2 等）。

⑴　合意の主体

　合意の主体は，検察官及び本人であるが（同条 1 項柱書き），合意が成立するためには，弁護人の同意が必要である（同法350条の 3 第 1 項）。法人が被疑者・被告人である場合には，法人が合意の主体となることも可能であり，その場合，合意に係る手続は，法人の代表者が行うこととなる（同法27条 1 項）。

⑵　特定犯罪

　合意が成立するためには，本人の事件と他人の刑事事件の双方が「特定犯罪」であることが必要である。

　特定犯罪は，一定の財政経済犯罪及び薬物銃器犯罪のうち，死刑又は無期の

懲役・禁錮に当たる罪を除外したもの（同法350条の２第２項）である。

　例えば，贈収賄，詐欺，脱税，覚醒剤の営利目的譲渡（覚せい剤取締法41条の２第２項）等のほか，これらを本犯とする刑事司法作用を害する罪は，合意制度の対象となるが，殺人，覚醒剤の営利目的輸入（同法41条２項・３項），業として行う覚醒剤の譲渡（麻薬特例法５条），拳銃の営利目的輸入（銃刀法31条の２第２項）等は，対象とならない。

(3)　**本人による協力行為**

　本人による協力行為として合意の内容とすることができるのは，他人の刑事事件について

①　検察官，検察事務官又は司法警察職員の取調べに際して真実の供述をすること

②　証人として尋問を受ける場合において真実の供述をすること

③　検察官，検察事務官又は司法警察職員による証拠の収集に関し，証拠の提出その他の必要な協力をすること（①及び②に掲げるものを除く。）

である（刑訴法350条の２第１項１号）。

(4)　**検察官による処分の軽減等**

　検察官による処分の軽減等として合意の内容とすることができるのは，本人の事件について

①　公訴を提起しないこと

②　公訴を取り消すこと

③　特定の訴因・罰条により公訴を提起し，又は維持すること

④　特定の訴因・罰条の追加若しくは撤回又は特定の訴因・罰条への変更を請求すること

⑤　論告において，被告人に特定の刑を科すべき旨の意見を陳述すること

⑥　即決裁判手続の申立てをすること

⑦　略式命令の請求をすること

である（同項２号）。

　合意には，本人による協力行為又は検察官による処分の軽減等に「付随する事項その他の合意の目的を達するため必要な事項」をその内容として含めることができる（同条３項）。勾留中の被疑者・被告人を釈放することなど，身柄拘束に関する事項は，その性質上，「付随する事項その他の合意の目的を達するため必要な事項」には含まれず，合意の内容とすることはできないと考えられる。

(5)　**三者による協議**

　合意をするためには，その前提として，検察官，本人及び弁護人の三者で協

議を行うことが必要となる（同法350条の4本文）。検察官は，本人及び弁護人の双方に異議がないときは，協議の一部を弁護人のみとの間で行うことができるが（同条ただし書），本人のみとの間で協議を行うことはできない。

　検察官は，合意をするか否かの判断に当たり，合意をした場合に，本人からどのような内容の証拠が提出され得るかなどを見極めることが必要となる。そこで，検察官は，協議において，本人に対し，他人の刑事事件について供述を求め，これを聴取することができる（同法350条の5第1項前段）。検察官は，供述の聴取に当たり，本人に対し，あらかじめ黙秘権を告知しなければならないが（同項後段，198条2項），供述の聴取は協議の一部として行うものであり，弁護人が必ず同席して行われるなど，取調べとは異なる。

　協議の結果，合意が成立に至らなかったときは，本人が協議においてした供述は，本人の事件においても，他人の刑事事件においても，証拠とすることができない（同法350条の5第2項）。この証拠能力の制限の対象となるのは，本人が協議においてした供述それ自体であり，その供述に基づいて得られた証拠（派生証拠）には，証拠能力の制限は及ばない。また，本人が協議においてした行為が犯人蔵匿，証拠隠滅等の刑事司法作用を害する罪に当たる場合に，これらの罪に係る事件において，本人が協議においてした供述を証拠として用いることは妨げられない（同条3項）。

(6)　司法警察員との関係

　司法警察員は，協議・合意の主体ではないが，検察官は，司法警察員が送致・送付した事件又は司法警察員が現に捜査していると認める事件について，その被疑者との間で協議を行おうとするときは，あらかじめ，司法警察員と協議をしなければならない（同法350条の6第1項）。

　また，検察官は，協議に係る他人の刑事事件の捜査のため必要と認めるときは，本人に供述を求めることその他の当該協議における必要な行為を司法警察員にさせることができることとされている（ただし，処分の軽減等の内容の提示については，検察官の個別の授権の範囲内に限られる。）（同条2項）。

(7)　合意

　検察官は，協議の結果を踏まえ，本人の協力行為により得られる証拠の重要性，関係する犯罪の軽重及び情状，当該関係する犯罪の関連性の程度その他の事情を考慮して，必要と認めるときは，合意をすることができる（同法350条の2第1項柱書き）。

　合意には弁護人の同意が必要であり（同法350条の3第1項），本人に弁護人がない場合には，合意をすることができない。

　合意は要式行為とされており，合意の内容を明らかにする書面（合意内容書

面）を作成し，検察官，本人及び弁護人の三者が連署することによって，合意が成立する（同条2項）。

　合意が成立すると，検察官及び本人は，それぞれ合意の内容を履行する義務を負うことになる。

(8)　公判手続等の特例

①　本人の事件について

　検察官は，合意に係る本人の事件について公訴を提起したとき，又は公訴の提起後に本人との間で合意をしたときは，冒頭手続の終了後（事件が公判前整理手続に付された場合には，その後），遅滞なく，合意内容書面の証拠調べを請求しなければならない（同法350条の7第1項）。その場合において，当事者から離脱の告知がされたときは，検察官は，合意離脱告知書（後記(9)②参照）の証拠調べも請求しなければならない（同条2項・3項）。

　合意に係る本人の事件について略式命令の請求をする場合についても，検察官による合意内容書面及び合意離脱告知書の差出し義務が規定されている（同法462条の2）。

②　他人の刑事事件について

　検察官は，他人の刑事事件の公判において合意に基づく供述調書・証言等が証拠として用いられることとなる場合には，合意内容書面及び合意離脱告知書の証拠調べを請求しなければならないこととされている。すなわち，検察官は，他人の刑事事件の公判において

○　合意に基づく本人の供述録取書等について，検察官，被告人若しくは弁護人が証拠調べを請求し，又は裁判所が職権による証拠調べ決定をしたとき

○　検察官，被告人若しくは弁護人が証人尋問を請求し，又は裁判所が職権で証人尋問決定をした場合において，その証人（となるべき者）との間で当該証人尋問についてした合意があるとき

は，遅滞なく，合意内容書面の証拠調べを請求しなければならず（同法350条の8前段，350条の9前段），当事者から離脱の告知がされたときは，合意離脱告知書の証拠調べも請求しなければならない（同法350条の8後段，350条の9後段）。

(9)　合意からの離脱

①　離脱事由

　合意の当事者が合意に違反したときは，その相手方は，合意から離脱することができる（同法350条の10第1項1号）。

　これに加えて，被告人は

ア　検察官が合意に基づいて訴因・罰条変更等を請求したものの，裁判所がこれを許さなかったとき（同項2号イ）

イ　検察官が合意に基づいて求刑をしたものの，裁判所がこれより重い刑の言渡しをしたとき（同号ロ）

ウ　検察官が合意に基づいて即決裁判手続の申立てをしたものの，裁判所が一定の理由によりこれを却下するなどしたとき（同号ハ）

エ　検察官が合意に基づいて略式命令の請求をしたものの，裁判所が通常の規定に従い審判をすることとし，又は検察官が正式裁判の請求をしたとき（同号ニ）

は，合意から離脱することができる。

　　他方で，検察官は

ア　本人が協議においてした他人の刑事事件についての供述の内容が真実でないことが明らかになったとき（同項3号イ）

イ　本人が合意に基づいてした供述の内容が真実でないこと又は本人が合意に基づいて提出した証拠が偽造・変造されたものであることが明らかになったとき（同号ロ）

は，合意から離脱することができる。この場合における「真実でない」とは，客観的な事実に反することを意味する。

②　離脱の方式及び効果

　　離脱は，その理由を記載した書面（合意離脱告知書）により，相手方に対し，合意から離脱する旨を告知して行うこととされている（同法350条の10第2項）。

　　離脱により合意は将来に向かって解消され，それ以後，当事者は合意に基づく履行の義務を負わないこととなる。

　　離脱は，それ以前の訴訟行為の効力や収集済みの証拠の証拠能力に影響を及ぼすものではない。

⑽　検察官による合意違反の効果

　　検察官が合意に違反して権限を行使したとき（例えば，不起訴合意に違反して公訴を提起するなど）は，公訴が棄却されるなどその権限行使の効力が否定される（同法350条の13）とともに

○　本人が協議においてした供述

○　合意に基づいてした本人の行為により得られた証拠

は，本人の事件と他人の刑事事件のいずれにおいても証拠とすることができないこととなる（同法350条の14第1項）。もっとも，これらが証拠として用いられようとする事件の被告人に異議がないときは，当該事件については証拠能力は制限されない（同条2項）。他方，これらに基づいて得られた証拠（派生証拠）には，証拠能力の制限は及ばない。

⑾　**虚偽供述等の罪**

　合意に違反して，検察官，検察事務官又は司法警察職員に対し，虚偽の供述をし又は偽造・変造の証拠を提出した者は，５年以下の懲役に処することとされている（同法350条の15第１項）。その者が，当該合意に係る他人の刑事事件及び自己の事件の裁判が確定する前に自白したときは，その刑を減軽又は免除することができる（同条２項）。

⑿　**検察審査会との関係**

　検察官は，不起訴処分とした本人の事件について合意がある場合において，検察審査会の審査が行われるときには，合意内容書面を検察審査会に提出しなければならず（検察審査会法35条の２第１項），検察審査会の議決前に離脱がなされたときは，合意離脱告知書も提出しなければならない（同条２項）。

　検察官が合意に基づき不起訴処分とした事件につき，検察審査会が起訴相当議決，不起訴不当議決又は起訴議決を行ったときは，不起訴合意は将来に向かって効力を失う（刑訴法350条の11）。

　この場合，検察官の合意違反を理由とする証拠能力の制限（前記⑽参照）は生じないが，当該議決に係る事件について公訴が提起されたときは

○　本人が協議においてした供述

○　合意に基づいてした本人の行為により得られた証拠

○　これらに基づいて得られた証拠（派生証拠）

については，当該本人の事件において証拠とすることができない（同法350条の12第１項）。他方で，他人の刑事事件においてこれらを証拠とすることは妨げられない。もっとも，検察審査会の議決前に本人がした行為が合意に違反するものであったことが明らかになった場合など一定の場合には，この証拠能力の制限は生じない（同条２項）。

二　合意制度の運用に関する当面の考え方

1　事案の選定について

○　合意制度を利用するためには，本人の事件についての処分の軽減等をしてもなお，他人の刑事事件の捜査・公判への協力を得ることについて国民の理解を得られる場合でなければならない。

○　基本的には，従来の捜査手法では同様の成果を得ることが困難な場合において，協議の開始を検討することとする。

○　協議の開始を検討するに当たっては，本人の協力行為によって合意制度の利用に値するだけの重要な証拠が得られる見込みがあるかということ（後記2(1)参照）や，協議における本人の供述につき，裏付証拠が十分にあるなど

積極的に信用性を認めるべき事情がある場合でなければ合意しないこととなること（後記2⑴，4⑴参照）を考慮する必要がある。

○　協議の開始を検討するに当たっては，協議に時間がかかることや協議により取調べにおける供述の任意性に影響が及ばないよう配慮する必要があることなど，協議を行うことによる捜査・公判への影響をも考慮する必要がある。

2　協議について

⑴　協議に関する基本的な考え方

○　検察官は，合意するか否かの判断に当たり，合意をした場合に本人が行う協力行為により得られる証拠（供述等）の重要性や信用性，本人が合意を真摯に履行する意思を有しているかなどを見極めることが必要である。そのため，協議においては，本人から合意した場合に行う協力行為の内容を十分に聴取するとともに，協議における本人の供述について裏付捜査を行い，その信用性を徹底して吟味すべきである。

○　その上で，協議における本人の供述に高い信用性が認められるとともに，その協力行為により得られる証拠に合意制度の利用に値するだけの重要性が認められるのであれば，検察官は処分の軽減等の内容を提示すべきである。

○　他方で，協議における本人の供述につき十分な裏付証拠が得られないなど，本人の供述に高い信用性を認めることができず，あるいは，本人の協力行為により得られる証拠に重要性が認められない場合には，協議を打ち切るべきである。

○　協議に際しては，関係者に不信感を与えることのないよう，誠実な対応に努める必要がある。

⑵　協議に関する留意事項

①　手続の概要

協議は，その開始について検察官，本人及び弁護人との間で意思が合致した際に開始されることとなる。これに先立ち，検察官又は弁護人からの協議開始の申入れとそれに関する双方の意見交換を経ることとなろう。

後記のとおり，協議の開始に際しては，検察官から本人及び弁護人に対し，所要の事項について説明するとともに（後記③参照），協議開始書を作成する（後記④参照）。

協議において，どのような順序でどのようなやり取りを行うのかは事案により異なり得るが，一般的には

○　弁護人による，本人が行い得る協力行為の内容の提示

○　検察官による，本人からの供述の聴取

○　検察官による，処分の軽減等の内容の提示

○　検察官と弁護人の間における，合意の内容等についての意見の交換などが行われることになると考えられる。

②　協議開始の判断の在り方

ア　検察官が協議開始を申し入れる場合

○　検察官は，合意により，本人から，他人の刑事事件について，信用性の高い重要な証拠が提供される見込みがあると考える場合において，弁護人に対し，協議開始を申し入れることを検討する（前記1参照）。

○　協議には一定の時間を要するとともに，協議中は，基本的には取調べを差し控えることとするため（後記⑦参照），協議開始を申し入れるに当たっては，捜査の状況やその時点での証拠関係，取調べの要否等を踏まえ，捜査への影響を考慮する必要がある。

　　また，協議開始の申入れに際しては，検察官において，適宜，期限を設定して回答を求める必要がある。

○　協議開始の申入れは，原則として，弁護人に対して行うこととする。

イ　弁護人から協議開始を申し入れられた場合

○　検察官としては，弁護人から協議開始を申し入れられた場合には，合意に至る見込みがどの程度あるのかを見極めた上で，その申入れに応じて協議を開始するか否かをできる限り速やかに判断すべきである。

○　そして，事案の内容や証拠関係等に照らして，そもそも検察官として合意制度の利用が考えられないような場合には，弁護人から更に聴取することはせず，協議開始の申入れに応じない旨を速やかに伝えるべきである。

○　他方で，検察官において協議を開始するか否かの検討が必要な場合には，弁護人に対し，協議開始書（後記④参照）の作成までは協議に入らない旨を伝えるとともに，検察官としては，どのような事件についてどのような協力行為が得られるかを検討した上で，協議に入るかどうか判断するので，まずはその判断に必要な範囲で事情を聞かせてほしいなどと直ちに協議に入ることができないことを明確に伝えた上で，弁護人から，他人の刑事事件と本人が提供可能な協力行為の概要について可能な範囲で聴取すべきである。

　　その結果，合意に至る見込みがないと判断した場合には，協議を開始すべきではなく，協議開始の申入れに応じない旨を弁護人に速やかに伝えるべきである。

ウ　本人から協議開始を申し入れられた場合

○　本人から取調べの場において協議開始を申し入れられた場合，検察官は，本人から，他人の刑事事件や提供可能な協力行為の内容について聴取すべきではない。

○　そして，本人から更に聴取しなくとも，協議に入るべきでないことが直ちに判断できる場合や，本人がおよそ真摯に協議開始を申し入れているとは思われない場合には，本人に対し，直ちに，協議開始の申入れに応じないことを明確に伝えるべきである。

あるいは，検察官は，本人に対し，弁護人も交えなければ協議ができないので，本人から申出があっただけでは協議は開始しないことを説明し，必要があれば弁護人から検察官に申し入れるようにと申し向けるべきである。そして，取調べを継続する場合には，以後の取調べと本人からの協議開始の申入れとは全く関係ないことを明確に伝え，取調べへの影響を遮断しておくことが必要である。

③　本人及び弁護人への説明

ア　協議開始に当たって説明すべき事項

検察官は，協議開始に当たり，本人及び弁護人に対し

（ア）　協議の手順（協議を経て合意に至ること，協議においては，まず本人が行い得る協力行為の提示及び本人の供述の聴取が行われる必要があり，その上で，本人の供述に高い信用性が認められると判断した場合には，その協力行為の内容を踏まえて検察官による処分の軽減等の内容の提示がなされること等）

（イ）　合意の自由（協議を開始したとしても，合意するかどうかは相互に自由であること）

（ウ）　協議における供述に当たっての留意事項（本人には黙秘権があること，検察官は，裏付捜査を行い，協議における本人の供述に高い信用性が認められると判断した場合でなければ合意しないこと等）

（エ）　合意不成立の場合の供述の証拠能力の制限及びその例外（前記一2(5)参照）

（オ）　合意の効果（合意を履行する義務，虚偽供述罪，合意違反等による合意からの離脱等）

（カ）　協議開始書の記載内容

等について説明すべきである。

この説明は，協議に先立ち，本人及び弁護人の双方が在席している場で行うべきであり，通常は協議開始書を作成する際に行うこととなろう。

イ　処分の軽減等の見込み等に関する説明の在り方について

協議の過程において，本人又は弁護人から，協力した場合の処分の軽減等の見込み等について問われることがあり得るが，処分の軽減等の見込み等を説明するのは，基本的に，供述を十分に聴取し，裏付捜査等を実施して，その供述に高い信用性が認められると判断できる状況になった後とすべきである。

④　協議開始書の作成

　協議の開始は，法律上は要式行為ではないが，協議の開始により法律効果が生じることとなるため（前記一2(5)参照），協議開始の有無及びその時期を明確にしておくことが望ましい。そこで，協議の開始に際しては，協議を開始する旨の書面（協議開始書）を作成することとし，その作成をもって協議の開始とする。

　協議開始書は，検察官，本人及び弁護人が連署して作成することとし，その内容として

○　本書面の作成をもって協議を開始すること

のほか，手続の進め方に関する了承事項として

○　検察官が弁護人のみとの間で協議の一部を行うことにつき，本人に異議がないこと

○　検察官が合意せずに協議を終了させる場合，弁護人に通知すれば，本人に通知しなくてもよいこと

についても記載しておくことが相当である（後記サンプル1参照）。

⑤　協議経過の記録の作成

　協議については，自由な意見交換等の協議の機能を阻害しないとの観点を踏まえつつ，その過程における重要なポイントとなる事項について適切に記録するという観点から，日時，場所，協議の相手方及び協議の概要に係る記録（協議経過報告書）を作成する必要がある（後記サンプル2参照）。

　協議の概要としては，

○　検察官が本人及び弁護人に説明した事項

○　本人又は弁護人が協力行為として提示した事項

○　本人の供述を聴取した場合は，その旨

○　検察官が処分の軽減等の内容として提示した事項

○　前記処分の軽減等の内容に対する本人及び弁護人の意見（受け入れたか否か）

○　司法警察員を立ち会わせた場合は，その旨

を記載することが考えられる。

　協議経過報告書は，本人の事件の記録に原本を編てつし，（立件後は）他人の刑事事件の記録に謄本を編てつして保管することとする。

⑥　協議における聴取の在り方

○　協議において本人から聴取する際は，弁護人の同席の下，黙秘権を告知して行う。

○　協議における聴取は，合意するか否かの判断に当たり，合意した場合に本人の協力行為により得られる証拠（供述等）の重要性・信用性等を見極める

ために行うものであるので，まずは，本人に，他人のどのような刑事事件に関してどのような協力行為をし得るのかにつき，自発的に供述させるべきである。

○　協議における聴取も協議の一環であって，合意に向けた交渉としての性格を有するものであることから，自由な協議が阻害されることのないよう配慮する必要があり，基本的には，録音・録画になじまない。

⑦　協議と取調べとの関係

○　協議と並行して本人の取調べを行うこととすると，本人が協議における聴取と取調べとを区別して供述できるとは限らないことから，協議中（協議開始書作成後，合意成立又は協議終了に関する確認書送付後まで）は，基本的には，並行して本人の取調べを行うことを差し控えることとする。もっとも，被疑者を勾留している場合，勾留期間が限られているため，証拠品の処分等，協議における聴取の対象とは直接関係のない事項について取調べを行うことは差し支えない。

○　一方が協議開始を申し入れた後，他方がこれに応じるか否かを検討している期間に，本人の取調べを行う場合には，本人に対し，協議と取調べが異なるものであり，協議が開始されていないことを十分に説明し，理解させるよう努めるべきである。

⑧　協議の終了（打切り）

検察官は，適宜の方法でその意思を本人又は弁護人に伝えることによって，合意を成立させることなく協議を終了する（打ち切る）ことができる。その上で，協議の終了を明確にするため，弁護人に対し，協議を終了したことを確認する文書（協議終了に関する確認書）を送付しておくことが相当である（後記サンプル３参照）。

本人又は弁護人から協議を終了する旨を伝えられた場合にも，協議の終了を明確にするため，検察官が，本人又は弁護人に対し，協議終了に関する確認書を送付しておくことが相当である。

3　処分の軽減等について

(1)　処分の軽減等に関する基本的な考え方

○　処分の軽減等の具体的な内容については，基本的には，合意により本人が行う協力行為の重要性に応じて定めることとする。具体的には，解明対象となる他人の刑事事件の重要性，本人の協力行為により他人の刑事事件が解明される（見込みの）程度，当該事件において他人が果たした役割の重要性及び組織内での地位，合意制度以外の方法により収集し得る証拠の内容等を考慮するものとする。

○　合意制度を利用する事案においては，本人の協力行為が事案の真相解明に寄与し得ることに加え，本人に捜査協力を促す政策的必要性が認められ得ることから，事案によっては，本人の事件について処分等を大幅に軽減することも柔軟に検討する。

　　事案によっては，起訴する予定であった者に不起訴を合意し，あるいは，予定していた求刑よりも大幅に低い求刑を合意することや，公訴の取消し又は訴因の変更を弾力的に行うことのほか，求刑合意と併せて，一部の事実について，不起訴処分，公訴取消し，訴因変更等を行うことを合意に含めることも検討する。

(2)　**処分の軽減等に関する留意事項**

○　処分の軽減等の内容は協力行為の重要性に応じて定められるべきものであるから，本人及び弁護人に一たび提示した処分の軽減等の内容は，基本的には，その後の本人及び弁護人との交渉で譲歩すべきではない。

　　したがって，協議における聴取では，本人及び弁護人にもその旨伝えた上で，本人が提供し得る協力行為の具体的な内容等を十分に聴き取っておくことが肝要である。

○　本人の事件に被害者がいる場合は，被害者の処罰感情等にも十分に配慮する必要がある。

4　合意について

(1)　**合意に関する基本的な考え方**

○　合意に基づく供述の信用性は，他人の刑事事件の公判において慎重に判断されることになる上，合意をした本人が合意後に虚偽の供述をして無関係の第三者を巻き込み，あるいは，事実を歪曲して第三者に責任を転嫁する事態はあってはならないため，そのような事態が生じないよう，合意に際しては，協議における本人の供述の信用性の吟味を徹底して行う必要がある。

○　協議における本人の供述につき，裏付証拠が十分にあるなど積極的に信用性を認めるべき事情がある場合にのみ，合意することとする。

　　協議における本人の供述が既に収集されている証拠と整合するだけでなく，例えば，協議における供述を得た上で，更に捜査をしたところ，捜査官の知り得なかった事実が確認され，あるいは供述中の重要部分について裏付証拠が新たに得られたという場合などは，積極的に信用性を認めるべき事情があると考えられる。

○　合意が成立した場合，検察官は誠実に合意を履行する。

⑵　**合意に関する留意事項**

①　合意内容書面の作成

　合意内容書面については，検察官，本人及び弁護人が連署して作成する。

　合意内容書面においては，本人の事件及び他人の刑事事件，本人による協力行為並びに検察官による処分の軽減等について，特定して記載することが必要である（後記サンプル4参照）。

　合意内容書面は，本人の事件の記録に原本を編てつし，（立件後は）他人の刑事事件の記録にその謄本を編てつして保管することとする。

②　合意後の取調べ

　合意に基づく供述については信用性判断が慎重に行われることとなることに鑑み，合意が成立した後，合意に基づき検察官が本人の取調べを行う場合は，基本的には，取調べの録音・録画の試行対象事件として，録音・録画を実施することとなろう。また，合意に基づき得られた供述については，所要の裏付捜査を行うことが必要である。

5　合意後の公判について

⑴　**本人の事件の公判について**

○　検察官は，本人の事件の公判において，合意内容書面の証拠調べ請求を行うことに加え，必要に応じ，本人の協力行為の内容や真相解明への貢献度等を立証することが考えられる。

○　特に，求刑について合意をした場合，合意した求刑を上回る判決がなされると，本人の離脱事由となり，合意が無に帰すとともに，求刑合意に対する信頼が失われ，合意制度の定着に影響を及ぼしかねない。求刑について合意した場合には，公訴の取消し又は訴因の変更等，求刑以外の合意事項があれば，それらを誠実に履行するほか，求刑に沿う判決が得られるよう，協力行為の具体的内容や真相解明への貢献度等を適切に主張・立証することが重要である。仮に，求刑を上回る判決が言い渡された場合には，量刑不当を理由として控訴することも検討する。

⑵　**他人の刑事事件の公判について**

　他人の刑事事件の公判において，合意に基づく供述調書又は証人尋問によって立証を行う場合，その供述・証言については，裁判所において，信用性の有無を慎重に判断されることとなろう。検察官としては，裏付証拠が十分に存在するなど積極的に信用性を認めるべき事情があることを立証することにより，信用性を的確に立証する必要がある。

6　合意からの離脱

(1)　検察官による合意からの離脱に関する判断の在り方

　検察官は，離脱事由が生じた場合，基本的には離脱すべきである。もっとも，その離脱事由が形式的でささいなものであるときは，本人から全体として有用な協力が得られており，今後も同様の協力行為を得る必要があるのであれば，合意から離脱する必要はない。

(2)　合意離脱告知書の作成

　前記一2(9)②のとおり，合意からの離脱は，その理由を記載した書面（合意離脱告知書）により，相手方に対し，合意から離脱する旨を告知して行うこととなる（後記サンプル5参照）。

　合意離脱告知書は，本人の事件の記録にその原本（検察官が離脱した場合には，原本を相手方に交付済みのため，その謄本）を編てつして保管し，（立件後は）他人の刑事事件の記録にその謄本を編てつして保管することとする。

サンプル1

協　議　開　始　書

(協議の開始)
1　検察官，○○○○被疑事件に係る被疑者A（以下「被疑者」という。）及びその弁護人は，本書面の作成をもって，刑事訴訟法第350条の4の協議（以下「協議」という。）を開始するものとする。

(検察官と弁護人の間における協議)
2　被疑者は，検察官が弁護人のみとの間で協議の一部を行うことについて異議はない。

(検察官による協議の終了に係る通知)
3　検察官は，合意を成立させることなく協議を終了させるときは，弁護人に対してその旨を通知すれば足りるものとする。

　　平成○○年○○月○○日
　　　　　　○○地方検察庁　検察官検事　　甲　野　太　郎　㊞
　　　　　　被　疑　者　　　　　　　　　　A　　　　　　　　　㊞
　　　　　　弁　護　人　　　　　　　　　　乙　野　次　郎　㊞

サンプル2

協　議　経　過　報　告　書

　　　　　　　　　　　　　　　　　　　　　平成○○年○○月○○日

○○地方検察庁
　次席検事　○　○　○　○　殿

　　　　　　　　　　　　　　　　○○地方検察庁
　　　　　　　　　　　　　　　　　検察官　検事　甲　野　太　郎　㊞

被疑者 氏　名	A		
協議日時	平成○○年○○月○○日 午後○時○○分から 午後○時○○分まで	協議方法	□面談 （場所：○○地方検察庁○号室） □電話 □その他（　　　　　　　）
協議の 相手方	被疑者　A 弁護人　乙野次郎		
協議の 概要			

サンプル3

協議終了に関する確認書

平成○○年○○月○○日

被疑者A弁護人
弁護士　乙野次郎　殿

○○地方検察庁
検察官　検事　甲野太郎㊞

　平成○○年○○月○○日に開始した被疑者Aに対する○○○○被疑事件に係る刑事訴訟法第350条の4の協議は、平成○○年○○月○○日に終了したことを確認します。

サンプル4-1

合意内容書面

　検察官及び被疑者A（以下「被疑者」という。）は、本日、刑事訴訟法第350条の2の規定により、下記のとおり合意し、その弁護人乙野次郎（以下「弁護人」という。）は、検察官及び被疑者Aがその合意をするに当たり、同法第350条の3第1項の同意をする。

記

（被疑者による協力行為等）
1　被疑者は、次に掲げる行為をするものとする。
　①　検察官又は検察事務官（以下「検察官等」という。）による別紙1（省略）の刑事事件についての取調べに際し、真実の供述をすること。
　②　検察官から上記①の取調べのために出頭を求められたときは、検察官等の指定する日時及び場所に出頭し、かつ、出頭後は検察官等の許可なく退去しないこと。
　③　検察官等が上記①の取調べに際してその録音・録画を実施するときは、これを拒まないこと。
　④　検察官等が上記①の取調べに際し、被疑者にその供述を録取した供述調書を閲覧させ、又は読み聞かせて、誤りがないかどうかを確認した場合において、誤りがないときは、その旨を申し立てること。
　⑤　検察官から刑事訴訟法第198条第5項に基づき、上記④の供述調書に署名押印をすることを求められたときは、これに応じて署名押印すること。
　⑥　別紙1の刑事事件について、証人として尋問を受ける場合において、証言を拒むことなく、真実の証言をすること。
　⑦　被疑者を証人として尋問する旨の決定がなされたときは、裁判所又は裁判官の指定する日時及び場所に出頭し、宣誓をすること。

（検察官による処分の軽減等）
2　検察官は、別紙2（省略）の刑事事件について、公訴を提起しないものとする。

サンプル4-2

（その他）
3　検察官、被疑者及び弁護人は、上記1及び2に記載された事項は、別紙1及び2の刑事事件以外のいかなる事件についても効力を有しないことを確認するとともに、検察官、被疑者及び弁護人の間には、上記1及び2に記載した事項のほか、いかなる取決めも存しないことを確認する。

平成○○年○○月○○日
　　　　　　○○地方検察庁　検察官検事　甲　野　太　郎㊞
　　　　　　被疑者　　　　　　　　　　　A　　　　　　㊞
　　　　　　弁護人　　　　　　　　　　　乙　野　次　郎㊞

サンプル5

合意離脱告知書

平成○○年○○月○○日

A　殿

○○地方検察庁
検察官　検事　甲野太郎㊞

　検察官は、刑事訴訟法第350条の10第1項第1号の規定により、平成○○年○○月○○日付け合意内容書面に係る貴殿との合意から離脱する。

（『法律のひろば』71巻4号48～59頁）

「上場会社における不祥事予防のプリンシプル」の
策定について

2018年3月30日
日本取引所自主規制法人

Ⅰ．趣旨

　近年，上場会社における多くの不祥事が表面化し報道されています。業種を超え，規模の大小にかかわらず広がっている現状です。これらの中には，最近になって発生した事象もあれば，これまで潜在していたものが顕在化した事象も見られます。いずれにせよ，これら不祥事は，その社会的影響の広がりに加え，当該企業の社会的評価を下げ，業績に悪影響を及ぼし，株価の下落も相俟ってその企業価値を毀損します。さらに，上場会社の間で不祥事が頻発するような資本市場は，コーポレート・ガバナンスが機能していない市場とみなされ，その信頼性を失うこととなります。

　日本取引所自主規制法人は2016年2月に『不祥事対応のプリンシプル』を策定し，実際に不祥事に直面した上場会社の速やかな信頼回復と確かな企業価値の再生に向けた指針を示しました。しかし，不祥事がまれな事象でなくなった現状において，不祥事の発生そのものを予防する取組が上場会社の間で実効性を持って進められる必要性が高まっています。そこで，不祥事発生後の事後対応に重点を置いた上記プリンシプルに加えて，事前対応としての不祥事予防の取組みに資するため，今般『不祥事予防のプリンシプル』を策定しました。上場会社においては，これらのプリンシプルを車の両輪として位置付け，実効性の高い取組みを推進していただくことを期待しています。

　本プリンシプルにおける各原則は，各上場会社において自社の実態に即して創意工夫を凝らし，より効果的な取組みを進めていただくための，プリンシプル・ベースの指針です。また，仮に本プリンシプルの充足度が低い場合であっても，上場規則等の根拠なしに当法人が上場会社に対する不利益処分等を行うものではありません。むしろ，上場会社が自己規律を発揮していただく際の目安として活用されることを期待しています。また，上場会社に助言等を行う法律専門家や会計専門家，さらには広く株主・投資者の皆様にも共有され，企業外のステークホルダーからの規律付けが高まることも期待されます。

> 　日本取引所自主規制法人は，（株）日本取引所グループの一員として，東京証券取引所及び大阪取引所の上場審査，上場管理，売買審査，考査等の業務を一手に担っている，金融商品取引法に基づく自主規制機関です。上場会社に関しては，有価証券報告書虚偽記載や不適正開示，企業行動規範の違反など，資本市場の基本インフラを直接脅かす事案において，上場規則に基づき，問題を起こした上場会社への不利益処分を判断する権限を有しています。他方，企業がその業務遂行の過程で犯した不正や不適切行為そのもの（上述の上場規則違反に該当しないもの）に対しては，直接の権限を行使する立場にありません。しかし，我が国資本市場の信頼性向上のために，上場管理業務を行っていく中で蓄積した知見を，プリンシプルなどの形で広く共有することは，有益であると考えています。

Ⅱ．上場会社における不祥事予防のプリンシプル

上場会社における不祥事予防のプリンシプル
〜企業価値の毀損を防ぐために〜

　上場会社は，不祥事（重大な不正・不適切な行為等）を予防する取組みに際し，その実効性を高めるため本プリンシプルを活用することが期待される。この取組みに当たっては，経営陣，とりわけ経営トップによるリーダーシップの発揮が重要である。

［原則１］実を伴った実態把握

　自社のコンプライアンスの状況を制度・実態の両面にわたり正確に把握する。明文の法令・ルールの遵守にとどまらず，取引先・顧客・従業員などステークホルダーへの誠実な対応や，広く社会規範を踏まえた業務運営の在り方にも着眼する。その際，社内慣習や業界慣行を無反省に所与のものとせず，また規範に対する社会的意識の変化にも鋭敏な感覚を持つ。
　これらの実態把握の仕組みを持続的かつ自律的に機能させる。

［原則2］ 使命感に裏付けられた職責の全う

　経営陣は，コンプライアンスにコミットし，その旨を継続的に発信し，コンプライアンス違反を誘発させないよう事業実態に即した経営目標の設定や業務遂行を行う。

　監査機関及び監督機関は，自身が担う牽制機能の重要性を常に意識し，必要十分な情報収集と客観的な分析・評価に基づき，積極的に行動する。

　これらが着実に実現するよう，適切な組織設計とリソース配分に配意する。

［原則3］ 双方向のコミュニケーション

　現場と経営陣の間の双方向のコミュニケーションを充実させ，現場と経営陣がコンプライアンス意識を共有する。このためには，現場の声を束ねて経営陣に伝える等の役割を担う中間管理層の意識と行動が極めて重要である。

　こうしたコミュニケーションの充実がコンプライアンス違反の早期発見に資する。

［原則4］ 不正の芽の察知と機敏な対処

　コンプライアンス違反を早期に把握し，迅速に対処することで，それが重大な不祥事に発展することを未然に防止する。

　早期発見と迅速な対処，それに続く業務改善まで，一連のサイクルを企業文化として定着させる。

［原則5］ グループ全体を貫く経営管理

　グループ全体に行きわたる実効的な経営管理を行う。管理体制の構築に当たっては，自社グループの構造や特性に即して，各グループ会社の経営上の重要性や抱えるリスクの高低等を踏まえることが重要である。

　特に海外子会社や買収子会社にはその特性に応じた実効性ある経営管理が求められる。

［原則6］ サプライチェーンを展望した責任感

　業務委託先や仕入先・販売先などで問題が発生した場合においても，サプライチェーンにおける当事者としての役割を意識し，それに見合った責務を果たすよう努める。

Ⅲ．各原則の解説

［原則１］実を伴った実態把握

　自社のコンプライアンスの状況を制度・実態の両面にわたり正確に把握する。明文の法令・ルールの遵守にとどまらず，取引先・顧客・従業員などステークホルダーへの誠実な対応や，広く社会規範を踏まえた業務運営の在り方にも着眼する。その際，社内慣習や業界慣行を無反省に所与のものとせず，また規範に対する社会的意識の変化にも鋭敏な感覚を持つ。

　これらの実態把握の仕組みを持続的かつ自律的に機能させる。

（解説）

1-1　自社のコンプライアンスの状況を正確に把握することが，不祥事予防の第一歩となる。コンプライアンスに係る制度やその運用状況はもとより，自社の企業風土や社内各層への意識の浸透度合い等を正確に把握することにより，自社の弱点や不祥事の兆候を認識する。その際，現状のコンプライアンス体制が問題なく運用されているとの思い込みを捨て，批判的に自己検証する。

1-2　コンプライアンスは，明文の法令・ルールの遵守だけに限定されるものではなく，取引先・顧客・従業員などステークホルダーへの誠実な対応を含むと理解すべきである。さらに，広く社会規範を意識し，健全な常識やビジネス倫理に照らして誠実に行動することまで広がりを持っているものである。

　こうした規範に対する社会的受け止め方は時代の流れに伴い変化する部分がある。社内で定着している慣習や業界慣行が，実は旧弊やマンネリズムに陥っていたり，変化する社会的意識と乖離したりしている可能性も意識しつつ，社内・社外の声を鋭敏に受け止めて点検を行うことが必要となる。

1-3　本来は，通常の業務上のレポーティング・ラインを通じて，正確な情報が現場から経営陣に確実に連携されるメカニズムが重要である。一方，本来機能すべきレポーティング・ラインが目詰まりした場合にも備え，内部通報や外部からのクレーム，株主・投資者の声等を適切に分析・処理し，経営陣に正確な情報が届けられる仕組みが実効性を伴って機能することが重要である。

　こうした実態把握の仕組みが，社内に定着し，持続的・自律的に機能していくことが重要である。

1-4 　なお，自社の状況や取組みに関する情報を対外発信し，外部からの監視による規律付けを働かせることも効果的な取組みの一つとして考えられる。

> **（不祥事につながった問題事例）**
> ✓ 検査工程や品質確認等の業務において，社内規則に反する旧来の慣行を漫然と継続し，違反行為を放置
> ✓ 労働基準を超えた長時間労働の常態化，社会規範を軽視したハラスメントの放置の結果，社会問題にまで波及
> ✓ 内部告発が隠蔽され，上位機関まで報告されないなど，内部通報制度の実効性が欠如

［原則2］使命感に裏付けられた職責の全う

　経営陣は，コンプライアンスにコミットし，その旨を継続的に発信し，コンプライアンス違反を誘発させないよう事業実態に即した経営目標の設定や業務遂行を行う。

　監査機関及び監督機関は，自身が担う牽制機能の重要性を常に意識し，必要十分な情報収集と客観的な分析・評価に基づき，積極的に行動する。

　これらが着実に実現するよう，適切な組織設計とリソース配分に配意する。

（解説）

2-1 　コンプライアンスに対する経営陣のコミットメントを明確化し，それを継続的に社内に発信することなど様々な手段により全社に浸透させることが重要となる。

　コンプライアンスへのコミットメントの一環として経営陣は，社員によるコンプライアンスの実践を積極的に評価し，一方でコンプライアンス違反発覚時には，経営陣を含め責任の所在を明確化し的確に対処する。実力とかけ離れた利益目標の設定や現場の実態を無視した品質基準・納期等の設定は，コンプライアンス違反を誘発する。

2-2 　監査機関である監査役・監査役会・監査委員会・監査等委員会と内部監査部門，及び監督機関である取締役会や指名委員会等が実効性を持ってその

機能を発揮するためには，必要十分な情報収集と社会目線を踏まえた客観的な分析・評価が不可欠であり，その実務運用を支援する体制の構築にも配意が必要である。また，監査・監督する側とされる側との間の利益相反を的確にマネジメントし，例えば，実質的な「自己監査」となるような状況を招かないよう留意する。

　監査・監督機関は，不祥事発生につながる要因がないかを能動的に調査し，コンプライアンス違反の予兆があれば，使命感を持って対処する。

　監査・監督機関の牽制機能には，平時の取組みはもちろんのこと，必要な場合に経営陣の適格性を判断する適切な選任・解任プロセスも含まれる。

（不祥事につながった経営陣に係る問題事例）
- ✓ 経営トップが事業の実力とかけ離れた短期的目線の利益目標を設定し，その達成を最優先課題としたことで，役職員に「コンプライアンス違反をしてでも目標達成をすべき」との意識が生まれ，粉飾決算を誘発
- ✓ 経営陣や現場マネジメントが製造現場の実態にそぐわない納期を一方的に設定した結果，現場がこれに縛られ，品質コンプライアンス違反を誘発

（不祥事につながった監査・監督機関に係る問題事例）
- ✓ 元財務責任者（CFO）が監査担当部門（監査委員）となり，自身が関与した会計期間を監査することで，実質的な「自己監査」を招き，監査の実効性を阻害
- ✓ 指名委員会等設置会社に移行するも，選解任プロセスにおいて経営トップの適格性を的確に評価・対処できないなど，取締役会，指名委員会，監査委員会等の牽制機能が形骸化

（不祥事につながった組織設計・リソース配分に係る問題事例）
- ✓ 製造部門と品質保証部門で同一の責任者を置いた結果，製造部門の業績評価が品質維持よりも重視され，品質保証機能の実効性を毀損
- ✓ 品質保証部門を実務上支援するために必要となるリソース（人員・システム）が不足

［原則3］双方向のコミュニケーション

　現場と経営陣の間の双方向のコミュニケーションを充実させ，現場と経営陣がコンプライアンス意識を共有する。このためには，現場の声を束ねて経営陣に伝える等の役割を担う中間管理層の意識と行動が極めて重要である。

　こうしたコミュニケーションの充実がコンプライアンス違反の早期発見に資する。

（解説）

3-1　現場と経営陣の双方向のコミュニケーションを充実させることと，双方のコンプライアンス意識の共有を図ることは，一方が他方を支える関係にあり，両者が相俟って不祥事の予防につながる。

　双方向のコミュニケーションを充実させる際には，現場が忌憚なく意見を言えるよう，経営陣が現場の問題意識を積極的に汲み上げ，その声に適切に対処するという姿勢を明確に示すことが重要となる。

3-2　現場と経営陣をつなぐハブとなる中間管理層は，経営陣のメッセージを正確に理解・共有して現場に伝え根付かせるとともに，現場の声を束ねて経営陣に伝えるという極めて重要な役割を担っている。このハブ機能を十全に発揮させるためには，経営陣が，その役割を明確に示し，評価するとともに，中間管理層に浸透させるべきである。

　双方向のコミュニケーションが充実すれば，現場の実態を無視した経営目標の設定等を契機とした不祥事は発生しにくくなる。

3-3　これらが定着することで，現場のコンプライアンス意識が高まり，現場から経営陣への情報の流れが活性化して，問題の早期発見にも資する。

（不祥事につながった問題事例）
- ✓ 経営陣が各部門の実情や意見を踏まえず独断的に利益目標・業績改善目標を設定し，各部門に達成を繰り返し求めた結果，中間管理層や現場のコンプライアンス意識の低下を招き，全社的に職責・コンプライアンス意識の希薄化を招来
- ✓ 経営陣から実態を無視した生産目標や納期の必達を迫られても現場は声を上げられず，次第に声を上げても仕方がないという諦め（モラルの低下）が全社に蔓延
- ✓ 経営陣が「現場の自立性」を過度に尊重する古い伝統に依拠したことで，製造現場と経営陣の間にコミュニケーションの壁を生じさせ，問題意識や課題の共有が図れない企業風土を醸成。その結果，経営陣は製造現場におけるコンプライアンス違反を長年にわたり見過ごし，不祥事が深刻化

［原則4］不正の芽の察知と機敏な対処
　コンプライアンス違反を早期に把握し，迅速に対処することで，それが重大な不祥事に発展することを未然に防止する。
　早期発見と迅速な対処，それに続く業務改善まで，一連のサイクルを企業文化として定着させる。

（解説）

4-1　どのような会社であっても不正の芽は常に存在しているという前提に立つべきである。不祥事予防のために重要なのは，不正を芽のうちに摘み，迅速に対処することである。

　このために，原則1～3の取組みを通じ，コンプライアンス違反を早期に把握し，迅速に対処する。また，同様の違反や類似の構図が他部署や他部門，他のグループ会社にも存在していないかの横展開を行い，共通の原因を解明し，それに即した業務改善を行う。

　こうした一連のサイクルが企業文化として自律的・継続的に機能することで，コンプライアンス違反が重大な不祥事に発展することを未然防止する。この取組みはコンプライアンス違反の発生自体を抑止する効果も持ち得る。

4-2 　経営陣がこうした活動に取り組む姿勢や実績を継続的に示すことで，全社的にコンプライアンス意識を涵養できる。また，このような改善サイクルの実践が積極的に評価されるような仕組みを構築することも有益である。

4-3 　なお，趣旨・目的を明確にしないコンプライアンス活動や形式のみに偏ったルールの押付けは，活動の形骸化や現場の「コンプラ疲れ」を招くおそれがある。事案の程度・内容に即してメリハリをつけ，要所を押さえた対応を継続して行うことが重要である。

（不祥事につながった問題事例）
- ✓ 社内の複数ルートからコンプライアンス違反に係る指摘がなされても，調査担当部署が表面的な聴き取り対応のみで「問題なし」と判断。違反行為の是正や社内展開等を行わなかった結果，外部からの指摘を受けて初めて不祥事が露見し，企業価値を大きく毀損
- ✓ 過去の不祥事を踏まえて再発防止策を講じたものの，的を射ない機械的な対応に終始したことで，現場において「押し付けられた無駄な作業」と受け止められる。当該作業が次第に形骸化し，各現場の自律的な取組みとして定着しなかった結果，同種不祥事の再発に至る

［原則５］グループ全体を貫く経営管理
　グループ全体に行きわたる実効的な経営管理を行う。管理体制の構築に当たっては，自社グループの構造や特性に即して，各グループ会社の経営上の重要性や抱えるリスクの高低等を踏まえることが重要である。
　特に海外子会社や買収子会社にはその特性に応じた実効性ある経営管理が求められる。

（解説）

5-1 　不祥事は，グループ会社で発生したものも含め，企業価値に甚大な影響を及ぼす。多数のグループ会社を擁して事業展開している上場会社においては，子会社・孫会社等をカバーするレポーティング・ライン（指揮命令系統を含む）が確実に機能し，監査機能が発揮される体制を，本プリンシプルを踏まえ適切に構築することが重要である。
　グループ会社に経営や業務運営における一定程度の独立性を許容する場合

でも，コンプライアンスの方針についてはグループ全体で一貫させることが重要である。

5-2　特に海外子会社や買収子会社の経営管理に当たっては，例えば以下のような点に留意が必要である。

　　　▷海外子会社・海外拠点に関し，地理的距離による監査頻度の低下，言語・文化・会計基準・法制度等の違いなどの要因による経営管理の希薄化など

　　　▷M＆Aに当たっては，必要かつ十分な情報収集のうえ，事前に必要な管理体制を十分に検討しておくべきこと，買収後は有効な管理体制の速やかな構築と運用が重要であることなど

（**不祥事につながった問題事例**）

✓　海外子会社との情報共有の基準・体制が不明確で，子会社において発生した問題が子会社内で内々に処理され，国内本社に報告されず。その結果，問題の把握・対処が遅れ，企業価値毀損の深刻化を招く

✓　許容する独立性の程度に見合った管理体制を長期にわたり整備してこなかった結果，海外子会社のコントロール不全を招き，子会社経営陣の暴走・コンプライアンス違反を看過

✓　買収先事業が抱えるコンプライアンス違反のリスクを事前に認識していたにもかかわらず，それに対処する管理体制を買収後に構築しなかった結果，リスク対応が後手に回り，買収元である上場会社に対する社会的批判を招く

［原則6］サプライチェーンを展望した責任感

業務委託先や仕入先・販売先などで問題が発生した場合においても，サプライチェーンにおける当事者としての役割を意識し，それに見合った責務を果たすよう努める。

（**解説**）

6-1　今日の産業界では，製品・サービスの提供過程において，委託・受託，元請・下請，アウトソーシングなどが一般化している。このような現実を踏まえ，最終顧客までのサプライチェーン全体において自社が担っている役割

を十分に認識しておくことは，極めて有意義である。

　自社の業務委託先等において問題が発生した場合，社会的信用の毀損や責任追及が自社にも及ぶ事例はしばしば起きている。サプライチェーンにおける当事者としての自社の役割を意識し，それに見合った責務を誠実に果たすことで，不祥事の深刻化や責任関係の錯綜による企業価値の毀損を軽減することが期待できる。

6-2　　業務の委託者が受託者を監督する責任を負うことを認識し，必要に応じて，受託者の業務状況を適切にモニタリングすることは重要である。

　契約上の責任範囲のみにとらわれず，平時からサプライチェーンの全体像と自社の位置・役割を意識しておくことは，有事における顧客をはじめとするステークホルダーへの的確な説明責任を履行する際などに，迅速かつ適切な対応を可能とさせる。

> **（不祥事につながった問題事例）**
> - ✓ 外部委託先に付与したセキュリティ権限を適切に管理しなかった結果，委託先従業員による情報漏えいを招き，委託元企業の信頼性を毀損
> - ✓ 製品事故における法的な責任に加え，サプライチェーンのマネジメントを怠り，徹底的な原因解明・対外説明を自ら果たさなかった結果，ステークホルダーの不信感を増大させ，企業の信頼性を毀損
> - ✓ 建築施工における発注者，元請，下請，孫請という重層構造において，極めて重要な作業工程におけるデータの虚偽が発覚したにもかかわらず，各当事者間の業務実態を把握しようとする意識が不十分であった結果，有事における対外説明・原因究明等の対応に遅れをとり，最終顧客や株主等の不信感を増大
> - ✓ 海外の製造委託先工場における過酷な労働環境について外部機関より指摘を受けるまで意識が薄かった結果，製品の製造過程における社会的問題が，当該企業のブランド価値を毀損

「上場会社における不祥事対応のプリンシプル」の策定について

2016年2月24日
日本取引所自主規制法人

1．趣旨

　上場会社には，株主をはじめ，顧客，取引先，従業員，地域社会など多様なステークホルダーが存在します。このため，上場会社の不祥事（重大な法令違反その他の不正・不適切な行為等）は，その影響が多方面にわたり，当該上場会社の企業価値の毀損はもちろんのこと，資本市場全体の信頼性にも影響を及ぼしかねません。したがって，上場会社においては，パブリックカンパニーとしての自覚を持ち，自社（グループ会社を含む）に関わる不祥事又はその疑いを察知した場合は，速やかにその事実関係や原因を徹底して解明し，その結果に基づいて確かな再発防止を図る必要があります。上場会社は，このような自浄作用を発揮することで，ステークホルダーの信頼を回復するとともに，企業価値の再生を確かなものとすることが強く求められていると言えます。

　しかし，上場会社における不祥事対応の中には，一部に，原因究明や再発防止策が不十分であるケース，調査体制に十分な客観性や中立性が備わっていないケース，情報開示が迅速かつ的確に行われていないケースなども見受けられます。

　このような認識の下，日本取引所自主規制法人として，不祥事に直面した上場会社に強く期待される対応や行動に関する原則（プリンシプル）を策定しました。このプリンシプルが，問題に直面した上場会社の速やかな信頼回復と確かな企業価値の再生に資することを期待するものです。

　本プリンシプルの各原則は，従来からの上場会社の不祥事対応に概ね共通する視点をベースに，最近の事例も参考にしながら整理したものです。本来，不祥事への具体的な対応は各社の実情や不祥事の内容に即して行われるもので，すべての事案に関して一律の基準（ルール・ベース）によって規律することには馴染まないと言えます。他方，それらの対応策の根底にあるべき共通の行動原則があらかじめ明示されていることは，各上場会社がそれを個別の判断の拠り所とできるため，有益と考えられます。

　なお，本プリンシプルは，法令や取引所規則等のルールとは異なり，上場会社を一律に拘束するものではありません。したがって，仮に本プリンシプルの充足度が低い場合であっても，規則上の根拠なしに上場会社に対する措置等が

行われることはありません。

2. 上場会社における不祥事対応のプリンシプル

上場会社における不祥事対応のプリンシプル
～確かな企業価値の再生のために～

　企業活動において自社（グループ会社を含む）に関わる不祥事又はその疑義が把握された場合には，当該企業は，必要十分な調査により事実関係や原因を解明し，その結果をもとに再発防止を図ることを通じて，自浄作用を発揮する必要がある。その際，上場会社においては，速やかにステークホルダーからの信頼回復を図りつつ，確かな企業価値の再生に資するよう，本プリンシプルの考え方をもとに行動・対処することが期待される。

① 不祥事の根本的な原因の解明

　不祥事の原因究明に当たっては，必要十分な調査範囲を設定の上，表面的な現象や因果関係の列挙にとどまることなく，その背景等を明らかにしつつ事実認定を確実に行い，根本的な原因を解明するよう努める。

　そのために，必要十分な調査が尽くされるよう，最適な調査体制を構築するとともに，社内体制についても適切な調査環境の整備に努める。その際，独立役員を含め適格な者が率先して自浄作用の発揮に努める。

② 第三者委員会を設置する場合における独立性・中立性・専門性の確保

　内部統制の有効性や経営陣の信頼性に相当の疑義が生じている場合，当該企業の企業価値の毀損度合いが大きい場合，複雑な事案あるいは社会的影響が重大な事案である場合などには，調査の客観性・中立性・専門性を確保するため，第三者委員会の設置が有力な選択肢となる。そのような趣旨から，第三者委員会を設置する際には，委員の選定プロセスを含め，その独立性・中立性・専門性を確保するために，十分な配慮を行う。

　また，第三者委員会という形式をもって，安易で不十分な調査に，客観性・中立性の装いを持たせるような事態を招かないよう留意する。

③ 実効性の高い再発防止策の策定と迅速な実行

　再発防止策は，根本的な原因に即した実効性の高い方策とし，迅速かつ着実に実行する。

　この際，組織の変更や社内規則の改訂等にとどまらず，再発防止策の本旨が日々の業務運営等に具体的に反映されることが重要であり，その目的に沿って運用され，定着しているかを十分に検証する。

④　迅速かつ的確な情報開示

　不祥事に関する情報開示は，その必要に即し，把握の段階から再発防止策実施の段階に至るまで迅速かつ的確に行う。

　この際，経緯や事案の内容，会社の見解等を丁寧に説明するなど，透明性の確保に努める。

外国公務員贈賄防止指針（抜粋）

平成16年5月26日

（平成29年9月改訂）

経済産業省

第2章　企業における外国公務員贈賄防止体制について

　本章においては，個々の企業レベル及び企業グループにおける外国公務員贈賄防止対策の実効性を高め，内部統制システム[10]の一環として，外国公務員贈賄防止のための体制（以下，「防止体制」と言う。）の有効性の向上を図るための参考となる方策等を例示する。

1．基本的考え方

（1）背景

　消費者意識の向上や事業の国際化等により，企業の社会的責任は増大しており，法令遵守の確保，業務の効率化等の観点から，企業において各種の内部統制の取組が積極的に行われている。

　このような内部統制に関する取組は，外国公務員贈賄防止にあたっても極めて有効である。平成15年6月のエビアン・サミットでは，外国公務員贈賄に関し，政府が民間企業のコンプライアンス・プログラムを策定することを勧奨すべきということで一致し[11]，さらに，平成19年9月のAPEC閣僚会議において「APEC反贈賄ビジネス行動規範」[12]が採択されたこと，平成21年11月に採択されたOECD理事会勧告「さらなる贈賄防止に向けた勧告」の附属書IIに「内部統制，企業倫理及び法令遵守に関するグッド・プラクテイス・ガイダンス」[13]

10　本指針において，「内部統制システム」は，会社法第362条第4項第6号，第399条の13第1項第1号ロ及びハ又は第416条第1項第1号ロ及びホ並びに会社法施行規則第100条，第110条の4又は第112条にそれぞれ規定される，情報保存管理体制やリスク管理体制等の各体制の総称，すなわち「業務の適正を確保するための体制」をいうものとして用いる。

11　腐敗との戦いと透明性の向上に関するG8宣言では，「2.我々は，贈収賄対策のための法律の実施を強化し，民間セクターが関連する遵守計画（related compliance programs）を策定することを奨励する。我々は，…2.2民間セクターが，外国人との間での贈収賄を処罰するための国内法に関して，企業遵守プログラム（corporate compliance programs）を策定し，実施し及び強化することを要請する。」こととされた。

12　APEC閣僚会議共同声明の骨子は，http://www.mofa.go.jp/mofaj/gaiko/apec/2007/kaku_ksk.html。当該規範の内容は，http://www.apec.org/Groups/SOM-Steering-Committee-on-Economic-and-Technical-Cooperation/Task-Groups/~/media/Files/Groups/ACT/07_act_codebrochure.ashx

が掲載されたことも，この点を明確に裏付けている。

（2）外国公務員贈賄防止体制を構築・運用する必要性

外国公務員贈賄罪に対する捜査体制は，我が国においても強化されている[14]。また，海外，特に，米国においては多数の摘発が行われており，中には，1千億円近い制裁金が科された事例も見られる。

さらに，実際に企業が外国公務員贈賄罪に問われた場合には，刑事罰以外に，取引先との取引停止やブランド価値の毀損など非常に大きな損失が生じる[15]。

外国公務員贈賄は，海外企業にのみ関係のあるリスクではない。日本企業が海外で事業を行う上で，まさに現に直面している重大なリスクであることを再確認する必要がある。

我が国判例上，取締役は，善管注意義務の内容として，企業において通常想定しうる不正行為については，それを回避するための内部統制システムを構築する必要があるとされていることを踏まえると[16]，このような外国公務員贈賄リスク（以下，「贈賄リスク」と言う。）が通常想定される事業を実施する企業は，内外の関係法令を遵守し，企業価値を守るために必要な防止体制を構築する必要があるものと考えられる。

また，内部統制システムの一つとして位置づけられる防止体制の構築は，刑事罰（法人両罰規定）の適用においても考慮されることが期待される。すなわ

---

13 30頁目から32頁目にかけて，同ガイダンスが記載されている。http://www.oecd.org/daf/anti-bribery/ConvCombatBribery_ENG.pdf

14 警察では，各都道府県警察に外国公務員贈賄対策担当者を置き，また，検察では，各特別捜査部に担当検察官を置いた。

15 例えば，国際金融機関からの取引停止，世界銀行等国際開発金融機関による排除リストへの掲載，貿易保険の引受拒絶等の制裁を受ける可能性がある。詳細は，第4章2．（39頁）を参照。

16 日本システム技術事件最高裁判決（最一判平成21年7月9日判時2055-147）は，代表取締役が被告となった事案であるところ，当該代表取締役の会社法第350条に基づく損害賠償責任の有無について，通常想定される不正行為を防止し得る程度の管理体制は整えていたものということができること，当該不正行為が通常容易に想定し難い方法によるものであったということができること，当該代表取締役において当該不正行為の発生を予見すべきであったという特段の事情も見当たらないことなどの事情の下では，当該代表取締役は当該不正行為を防止するためのリスク管理体制を構築すべき義務に違反した過失があるということはできないと判示した。

ち，判例上，法人が処罰される根拠は，「事業主に右行為者らの選任，監督その他違反行為を防止するために必要な注意を尽さなかった過失の存在を推定したもの」（いわゆる過失推定説[17]）にあるとされるため，防止体制の構築は当該注意を尽くしたことの一つの根拠になり得ると考えられることによる。

　このように，取締役の会社法上の責任であれ（民事責任），法人両罰規定適用であれ（刑事責任），従業員が贈賄行為を行った場合に結果責任を問われる性格のものではない。

（3）本指針における内部統制の考え方

　企業における内部統制の在り方については，国内外で様々な取り組みが行われているところである[18]。特に，平成26年の会社法改正において，従来会社法施行規則において規定されていた株式会社及びその子会社から成る企業集団の内部統制システムの整備についての規定を法律に格上げし，また，内部統制システムの運用状況の概要についても事業報告の対象としたことが特筆される。

　本章で述べる内部統制の在り方については，各方面で行われている既存の成果も参考に，これらを尊重しつつ，**外国公務員贈賄防止の視点に特化して，防止体制の構築・運用にあたり留意すべき内容を例示したもの**である。

（4）防止体制の構築及び運用にあたっての視点

　防止体制の構築及び運用にあたって，特に重要な視点としては，①経営トップの姿勢・メッセージの重要性，②リスクベース・アプローチ，及び③贈賄リスクを踏まえた子会社[19]における対応の必要性が挙げられる。

17　この点については，「無過失免責が肯定されるためには，一般的，抽象的な注意を与えたのでは足りず，積極的，具体的に違反防止のための指示を与え，違反防止に努めたことが要求される。結果として，厳格な責任が追及され，事実上免責が困難になっている」（山口厚「刑法総論［第二版］」41頁，有斐閣，2007年）との指摘がなされていることに留意すべきである。

18　その一つとして，経済産業省の「リスク管理・内部統制に関する研究会」があげられる。本研究会は，平成15年6月に企業や産業界の取組を支援するため，「リスク新時代の内部統制〜リスクマネジメントと一体となって機能する内部統制の指針〜」を策定し，公表した。本文及び概要は，http://warp.da.ndl.go.jp/info:ndljp/pid/1368617/www.meti.go.jp/kohosys/press/0004205/

19　本指針において，「子会社」は，会社法の実質的支配基準に則り，いわゆる孫会社や曾孫会社も含めた概念として用いる。なお，会社法上の子会社の定義については，会社法第2条第3号，会社法施行規則第2条第1項，第3条第1項，第3項参照。

①経営トップの姿勢・メッセージの重要性

過去の国内外の処罰事例では，現場の従業員が賄賂は会社のためになるとして「正当化」することが見られるが，経営トップのみがそのような誤った認識を断ち切ることができる。「現場において，法令を遵守するか，利益獲得のため不正な手段を取るかの二者択一の状況に直面した場合には，迷わず法令遵守を貫くことが中長期的な企業の利益にもつながること」「従業員は不正な手段を利用して獲得した利益は評価されず，厳正に処分されること」「過去に法令遵守を軽視する企業文化があったとしても，そのような「旧弊」は断ち切らなければいけないこと」といった経営トップの姿勢が全従業員に対して明確に，繰り返し示されることが効果的である。

②リスクベース・アプローチ

贈賄リスクが高い事業部門・拠点や業務行為については，高リスク行為に対する承認ルールの制定・実施，従業員に対する教育活動や内部監査といった対策を重点的に[※]実施してリスク低減を図り，他方，リスクが低い事業部門等については，より簡素化された措置が許容される。

※注　例えば，リスクが高くなるにつれ，より上位の者を承認者としたり，教育，監査といった対策を高い頻度で行ったり，幅広い内容で行ったりすることが考えられる。

この贈賄リスクの高低については，進出国の贈賄リスク，事業分野の贈賄リスク及び賄賂提供に利用されやすい行為類型に着目し，これらを総合勘案して判断することが基本となる。

進出国については，一般的に，アジア，中東，アフリカ，南米等は贈賄リスクが高いと考えられる[20][21]。

20　国別の贈賄リスクの評価については，例えば，世界銀行グループが毎年発行している，Doing Business Report（http://www.doingbusiness.org/reports）や世界ガバナンス指数（The World wide GovernanceIndicators。http://info.worldbank.org/governance/wgi/index.aspx#home），また，NGO・Transparency Internationalの腐敗認識指数（http://www.transparency.org/research/cpi/）等を用いることが考えられる。

21　他方で，1999年2月から2014年6月までの間にOECD外国公務員贈賄防止条約加盟国で起きた427件の事件を分析した，2014年OECD贈賄レポートは，調査対象のうち3分の2の事件は，いわゆる先進国等の公務員に支払われていたこと（同加盟国41カ国のうち，24カ国，G20加盟国19カ国のうち15カ国の公務員が収賄されていたこと）が判明したと報告する。これを受けて，グリア事務総長は，腐敗は途上国で起こっているという神話は覆されたと述べた。http://www.oecd.org/corruption/oecd-foreign-bribery-report-9789264226616-en.htm

　また，事業分野については，その事業の実施に現地政府の多数の許認可を必要とする状況が認められる場合，又は，外国政府や国有企業との取引が多い場合など外国公務員等と密接な関係を生じやすい性格を持つ場合には，一般的に，贈賄リスクが高いものと考えられる。

　行為類型については，
（ⅰ）現地政府からの許認可の取得・受注や国有企業との取引などに関して助言や交渉を行う事業者（エージェント，コンサルタント）の起用・更新，
（ⅱ）高リスクと考えられる国・事業分野におけるジョイントベンチャー組成の際の相手先の選定や，高リスクと考えられる国・事業分野におけるSPCの利用，
（ⅲ）高リスクと考えられる国・事業分野において当該国の政府関連事業実績の多い企業の取得（株式の取得等），
（ⅳ）受注金額や契約形式等から勘案して贈賄リスクが高いと考えられる公共調達への参加，
（ⅴ）外国公務員等に対する直接，間接の支払を伴う社交行為
などが高リスクであると考えられる。

　リスクベース・アプローチによる対策を適切に行う前提として，外国の法律等（贈収賄罪に関する法令・運用を含む。）についても十分に情報を収集し，適切な対応を講じるよう努め[22]，また，新たに国際商取引を開始する国に関しては，可能な限り事前情報を入手する必要がある。

③贈賄リスクを踏まえた子会社における対応の必要性

　仮に海外子会社を含む子会社が国内外の関係法令に基づき外国公務員贈賄罪で処罰される場合には，親会社も，その資産である子会社株式の価値だけでなく，親会社自身の信用も毀損され，さらには，親会社自身に対して刑事罰が科される[*]といった形で大きな損失を受ける可能性がある。

　したがって，親会社は，企業集団に属する子会社において，リスクの程度を

---

22 このような外国の法令や慣習の情報の収集及び整理について，個々の企業レベルで行うことが困難な場合には，各国の事情に詳しい現地の商工会議所を活用する等進出先国毎に企業が参集して，研究を行い，情報を整理する方法も考えられる。

23 親会社が，子会社における防止体制の構築・運用の推進をする法的手段を確保する必要がある場合には，親会社が株主権に基づいて，子会社役員を選解任するといった方法のほかにも，親子会社間で契約を締結するといった方法も考えられる。

踏まえた防止体制が適切に構築され，また，運用されることを確保する必要がある[23]。

※注　実際の贈賄行為は海外現地法人で行われることが多いものの，贈賄行為に親会社の従業員・役員等が関与した場合には，当該従業員等が共犯としての責任を問われる可能性があるが，それに加えて，前述（2）のとおり，法人としての親会社もまた，法人両罰規定により処罰対象となる可能性がある。

（5）その他の留意事項

防止体制が有効に機能しているか否かの判断は，運用状況やその評価が重要となる点を忘れてはならない。

また，防止体制を含め，一般に，企業に求められる内部統制システムの整備・運用状況は，企業規模・業種，経済的・社会的環境や時代背景等により評価が異なるものであり，画一的な水準を設定することには困難さを伴う。このため，企業は，自らが構築し，運用している防止体制の水準が，現状において十分なものとなっているか否かについて，国内外の同業他社の水準や海外当局発行のガイドライン等をも参考にしつつ，常に検討し改善するよう不断の努力が求められる。

２．企業が目標とすべき防止体制の在り方[24]

外国公務員贈賄を防止するため，国際商取引を行う各企業が目標とすべき防止体制の在り方を以下に例示する[25]。この例示は法令上の義務を示すものではないが，各企業においては，例示された内容を参考とし，防止体制の構築・運用が適切に行われるよう，早急に検討を開始し，対応を行うことが期待される。

なお，各企業における具体的な防止体制の構築・運用の内容については，その事業実態に応じたリスクの大小や見込まれる効果を踏まえた，役員等の広い裁量に委ねられる。

その際，企業内で不足することが多い経験・ノウハウを，適切な範囲での外

24　なお，防止体制のうち，各個別企業の有事における対応の在り方については，後記4.に記載。

25　例示する内部統制は，「方針等の策定（plan）」，「具体的な対策の実施（do）」，「対策の実施状況や管理状況の監査（check）」，「監査を踏まえた方針等の見直し（act）」の流れに沿っている。このような管理方法は，継続的な管理の改善に資することから，国際標準化機構（ISO）においても標準的に用いられている管理手法であり，既にとり入れている企業も多い。

部専門家の活用によって補完することによって，客観的にも実効性の高いシステムが構築・運用されることが期待される。ただし，企業が主体的に実効性の高いシステムを構築し，運用することが目的であって，それは，規程類の整備，窓口の設置といった外形の充実や専門家への「丸投げ」によって達成されるものではないことに留意する必要がある。

　以下の例示を参考として，各事業部門，各拠点や各業務行為におけるリスクに応じて強弱を付けた対策が期待される。これらの取り組みによって，国内外の法令によって企業が処罰され企業価値が大きく毀損されるような可能性は，相当に小さくなることが期待される。

（1）防止体制の基本的内容
　企業の規模・事業形態等によって具体的内容は大きく異なりうるものの，一般的には，以下の6項目が防止体制として望ましい要素であると考えられる[26]。
　なお，各企業に適した具体的な防止体制の構築にあたっては，COSO（米国トレッドウェイ委員会支援組織委員会）フレームワーク[27]も一つの手がかりとなる。

- 基本方針[28]の策定・公表（下記（2））
- 社内規程の策定（社交行為や代理店の起用など高リスク行為に関する承認ルールや，懲戒処分に関するルール等）（下記（3））
- 組織体制の整備（下記（4）及び後節4.）
- 社内における教育活動の実施（下記（5））
- 監査（下記（6））
- 経営者等による見直し（下記（7））

26　米国ForeignCorruptPracticesAct（以下，「FCPA」と言う。）のガイドライン上に効果的なコンプライアンス・プログラムの特徴として挙げられているものは，幹部の取組み姿勢及び明確な腐敗禁止指針，行動規範及びコンプライアンス方針，監査・自律性及びリソース，リスク評価，研修及び助言の継続，インセンティブ及び懲戒処分，デューデリジェンス，内部通報及び社内調査，定期的な改善等。http://www.justice.gov/sites/default/files/criminal-fraud/legacy/2015/01/16/guide.pdf

27　平成4年に，内部統制の整備，構築及び有効性の評価の指針として公表された。その後，ビジネスや事業運営に係る環境の変化の反映，業務や報告目的の拡大等に対応して，「財務報告」を「報告」と再定義し，財務情報の開示のみならず，非財務に関する報告目的，業務目的，コンプライアンス目的の実務に広く有効に適用できるよう，平成25年に改訂された。

28　ポリシーや行動規範，コンプライアンス方針と呼ばれているものを指す。

（2）基本方針の策定・公表

　国内外の法令違反となる外国公務員贈賄行為を未然防止するため，以下の要素が盛り込まれた基本方針を策定すること。

　なお，基本方針や社内規程は，外国公務員贈賄防止を支える企業倫理とともに社内で共有化され，徹底が図られることが重要である。このような観点から，経営者のみならず，現場の従業員により近い，各事業部門や拠点などのコンプライアンス責任者[29]が，経営者と目線を揃えた同趣旨のメッセージを重ねて発出することも効果的である。

　また，策定された基本方針を，社内及び社外に対し公表し贈賄防止に向けた企業意思を発信すること，そして，国内外の外国人従業員への周知のみならず，外国政府や，外国投資家，商取引相手の理解を求める等の場面でも活用できるよう，必要に応じ翻訳しておくことも望ましい。

○　（前節1．（4）①のとおり）「目先の利益よりも法令遵守」という経営者の基本姿勢。

○　外国公務員等に対し，当該国の贈賄罪又は不正競争防止法の外国公務員贈賄罪に該当するような贈賄行為を行わないこと。

（3）社内規程の策定

　高リスクの業務行為について，当該企業における慎重な考慮を担保するため，以下の要素が盛り込まれた社内規程を策定すること。

○　外国公務員等との接点[30]は，海外のみならず国内においても生じ得ることを勘案し，それぞれに応じた対策の在り方を整理するとともに，各社で一定の社内手続や判断基準[31]等をマニュアル化しておくこと。
　　特に，リスクベース・アプローチに基づき，以下の高リスクの行為については，承認要件，決裁手続，記録方法等に関するルールを制定することが

29　コンプライアンス責任者の定義については，後記（4）①参照。

30　外国公務員等との接点には，送迎，飲食，視察旅行，ゴルフ・遊技，贈答，子弟等関係者の雇用，講演等が含まれる。

31　社内手続には，コンプライアンス責任者等権限ある者への事前照会を行うこと，現地子会社から本社の相談窓口や通報窓口へ通知すること等が含まれる。また，判断基準については，各国の法令や社会通念上の範囲内で，外国公務員等に贈物を渡す場合（冠婚葬祭等）や接待の金額や頻度についてあらかじめ定めておくこと，国際商取引に関する商談時期により接待の制約を設けておくこと，外国公務員等本人のみならず家族やfamily企業に関する考え方を明確にしておくこと等が想定される。

望ましい。

（ⅰ）外国公務員等との会食や視察のための旅費負担といった外国公務員等に対する利益の供与と解される可能性がある行為

  － 行為類型毎に承認要件，承認手続，記録，事後検証手続を内容とする社内規程を策定（具体的な承認手続については，当該行為のリスクに応じて上位の者が決裁することとする）。

  － なお，外国公務員等に対する支払行為を詳細に記録化していることが対外的に公表・周知されると，賄賂を要求する外国公務員等への牽制効果を期待することが可能となる。

（ⅱ）前節1．（4）②に記載した高リスクな行為類型[32]

  － 契約前の確認手続（表明保証及び宣誓，デューデリジェンス）及び契約期間中等の手続（監査，資料要求，無催告解除や支払停止）を定めること。

○ 贈賄行為又は社内規程違反行為を行った従業員に対しては，人事上の制裁が課される旨を明確にすること[33]。既に，就業規則や決裁規程，稟議規程など関連社内規程が存在する場合には，外国公務員等への支払行為や外国公務員等との取引についても適用されることが明らかとなるよう，贈賄行為を対象として明記することが考えられる。

（4）組織体制の整備

社内の役割分担，関係者の権限及び責任が明確となるよう，企業規模等に応じた内部統制に関する組織体制を整備すること。その際には，特に以下の点に留意すること。

①コンプライアンス担当役員又は社内でコンプライアンス担当を統括するコンプライアンス統括責任者の指名

○ 社内統一のコンプライアンス担当役員又はコンプライアンス統括責任者（以下，総じて「コンプライアンス責任者」と言う。）を指名すること[34]。コン

32　なお，高リスク国・地域で有能かつ贈賄行為を行わない代理業者等を活用することは企業の競争力につながることも踏まえて，そのような代理業者を発見し，育成することが望ましい。また，代理業者の起用・契約更新にあたっては，代理業者の起用・契約更新の理由（必要性），当該代理業者の資質・適性，報酬の妥当性等について十分検討したことを記録に残しておくことが望ましい。

33　実際に違反行為が生じた場合には，予め定められたルールに沿って厳正に対処することが必要である。

プライアンス責任者は，関係法令，本指針等政府からの各種情報を適切に把握し理解するとともに，実務上生じた問題点についても適宜整理すること。

○ コンプライアンス責任者は，経営者及び取締役会に対し定期的に報告を行うこと。

○ 防止体制の実効性を確保するため，大規模な拠点毎や地域統括部門毎にコンプライアンス責任者を置くことも考えられる。

②社内相談窓口及び通報窓口の設置等

○ 外国公務員から賄賂を求める依頼があった場合や起用しているエージェント，コンサルタントから賄賂の提供を示唆する追加経費の要請があった場合等，個別の具体的事例に基づいた判断が必要な事態が生じた場合に備え，相談窓口（ヘルプライン）を設置すること[35]。

○ 相談窓口に加え，内部通報等を受け付けるための通報窓口を設置すること[36]。

○ 相談窓口及び通報窓口については，秘密性を確保するとともに，弁護士等外部専門家等を積極的に活用すること。

○ 相談や通報の内容・状況について適切にコンプライアンス責任者に報告され，必要に応じて，対応方針の決定や窓口機能の改善を図ること。

○ 関係者で十分なコミュニケーションを図る機会を確保すること。

○ 必要に応じ，面談による報告相談や聞取調査等も活用すること。

③疑義等発覚後の事後対応体制整備

「４．有事における対応の在り方」に記載。

④その他留意事項

○ 防止体制の運用においては，現場における具体的な贈賄の兆候を早期の対応に結びつけることができるよう，現場担当者が上司やコンプライアンス責任者に気軽に相談できるような，組織内の「風通し」を確保すること。

---

34 業務・管理・財務部門等のコンプライアンス担当者を連携させている企業や「コンプライアンス委員会」を組織している企業もある。

35 リスクの高低に応じて，外国公務員贈賄に特化した相談窓口を設置することが考えられる一方で，既存の社内相談窓口（法務部や内部監査部門等が相談を受ける窓口）を活用する事例も見られる。

36 内部通報を含む公益通報を行った労働者を解雇等の不利益取扱いから保護する「公益通報者保護法」は，平成18年４月１日に施行された。

○ 子会社を含め，営業部門・営業担当者に対しては，実現困難な受注実績を求めるなど贈賄行為を行う動機を形成させないよう配慮すること。

（5）社内における教育活動の実施

従業員の贈賄防止に向けた倫理意識の向上を促し，内部統制の運用の実効性を高めるため，以下のポイントに留意しつつ，社内において適切な教育活動を実施すること。

○ 国際商取引に関連する役員及び従業員に対して，基本方針及び防止体制の趣旨及び内容を周知徹底すること。
○ 国際商取引に関連する従業員等に対して，採用時や転属時に教育を行うこと。
○ 教育・訓練活動に当たっては，外国公務員との接触が生じる可能性，研修の方法（講義形式，文書や電子メール等を活用する形式等）を検討し，有効な教育活動を行うよう努めること。
○ 各種法令の内容のみならず，過去の贈答及び接待の事例等を整理した上で，現地の事情に応じて賄賂を要求された場合における対処方法など具体的に従業員が留意すべき点について教育を行うこと。
○ 啓発活動の一つとして，教育・訓練活動を受けた国際商取引に関連する従業員に対し，外国公務員贈賄行為を行わないよう誓約書を提出させることも有効な方策である。

（6）監査

定期的又は不定期の監査により，社内規程の遵守状況を含め防止体制が実際に機能しているか否かを確認するとともに，必要に応じて，監査結果等が後記（7）の見直しに反映されること。

○ 監査担当者（コンプライアンス責任者や法務・経理担当者，監査役などの監査に携わる役職員等）は，防止体制が有効に機能しているか否かについて定期的に監査し，実施状況を評価すること。その際，監査担当者は，懐疑心を持って，監査対象情報を評価することが望ましい[37]。

---

[37] 会計監査ではあるものの，監査における不正リスク対応基準（金融庁企業会計審議会）の「職業的懐疑心の強調」では，懐疑心の保持，発揮，高揚という３段階に分けて記載されており，参考となる。

○　監査結果等については，経営者，コンプライアンス責任者，法務・経理・監査部門の責任者，関連する従業員に広く情報が共有されるよう努めること。

（7）経営者等による見直し

継続的かつ有効な対策や運用を可能とするよう，定期的監査を踏まえ，必要に応じて，経営者やコンプライアンス責任者等の関与を得て，防止体制の有効性を評価し，見直しを行うこと。

３．子会社の防止体制に対する親会社の支援の在り方 [38]

親会社は，企業グループ内の，直接・間接に支配権を有する子会社に対して，１．及び２．の内容を踏まえた必要な防止体制の構築及び運用を推進し，その状況について定期又は不定期に確認することが必要である。

その際，鍵となる要素は，以下のとおりである。

○　防止体制の構築・運用を推進する子会社の範囲やその内容についても，リスクベース・アプローチが適用されること。

子会社の範囲については，特に，次のような子会社については，防止体制が構築されることが望ましい。

（ⅰ）現在及び将来の企業価値のみならず，贈賄リスクの多寡や事業の性格を踏まえて重要と言える子会社

（ⅱ）プロジェクトの進行過程の要所で親会社が承認を行うなど実質的関与を行う場合における当該プロジェクトを担当する子会社

○　子会社の防止体制の構築・運用に関して，子会社が自律的に防止体制を構築・運用することが原則であるが，現実に，子会社の対応能力・経験が乏しい場合には，不足するリソースを補完し，さらに，必要な場合には親会社が主導して子会社の体制を構築・運用すること[*]。

なお，その状況の確認にあたっては，規程類の整備状況[39]にとどまらず，規程類を含めた防止体制が実際に現場において機能しているか否かを確認することが重要である。場合によっては，親会社が子会社の現場従業員と

---

[38]　子会社の有事における親会社の対応の在り方については，後記４．に記載。

[39]　子会社において，親会社の規程類をそのまま「コピー」する事例が散見される。しかしながら，子会社においては，親会社の規程類をベースにしつつも，決裁や承認のプロセス等については，子会社の組織・体制，人員，業種に応じて，リスクに対応する機能的な規程類を整備することが望ましい。

の意見交換，規程類の運用実績の確認（サンプルチェック等）といった手段を活用することも考えられる。

※注　我が国企業の多くの海外子会社は，人員の限界もあり，外国公務員贈賄の防止に関する対応能力や経験が不足していると考えられる。このため，子会社において，自律的に防止体制を構築し，運用することが困難な場合には，親会社や地域統括会社のコンプライアンス部門の支援が必要となることが多い。

また，リスクに応じて，以下の要素に留意すること。

○　企業集団で，従業員を対象とする贈賄防止に関する教育活動を共同で実施することや，監査，内部通報体制[40]等を共同で運用すること。
○　このような共同実施，共同運用は，内容面で一定水準を確保することが期待できるとともに，有事における早期の対応を可能とする観点から有効である。
○　企業グループ内の合弁会社など，自社が直接・間接の支配権を有さない場合には，可能な範囲で，必要な防止体制の整備・運用を図ること。

4．有事における対応の在り方

賄賂を実際に外国公務員等から要求された場合，又は現地担当者が賄賂を外国公務員等に支払った可能性があることが内部監査，内部通報等によって明らかとなった場合（以下，総じて「有事」と言う。）には，法令遵守を徹底するとともに自社（ひいては自社株主）への経済的損害を含めた悪影響を最低限に抑制するための行動を迅速に取る必要がある。

また，対応能力に不足がある子会社における有事については，親会社へ生じる影響の大きさを踏まえた適切な対応を確保するため，親会社が積極的に関与することが有力な選択肢となる。

特に，有事においては，子会社役員等に子会社との間の利益相反が生じ，子

---

[40]　海外子会社については現地に窓口を設け，応対状況を本社にフィードバックさせるような方法も想定される。また，EUの個人データ保護指令（個人データ処理に係る個人の保護及び当該データの自由な移動に関する1995年10月24日の欧州議会及び理事会の95/46/EC指令）は，第三国への個人データの移転制限をしており，企業集団全体で内部通報情報を処理する場合には，そのような関係法令にも留意する必要がある。

会社において適切な調査及び親会社への報告等が行われない可能性があることにも留意する必要がある（例えば，子会社における贈賄行為が解明された結果，親会社によって子会社役員等が解任されるため，保身を図る目的で調査・報告を怠る可能性がある）。

　有事対応体制としては，特に以下の点に留意すること。

○　担当取締役・担当者の決定，監査役との連携のあり方，調査チームの設置，親子会社間の有事に関する情報の報告体制その他有事における対応体制に関する事前のルール化。特に，有事に関する情報がコンプライアンス責任者や経営者に迅速に伝わるような体制を事前に構築しておくこと。
○　特に，外国公務員から贈賄要求があった場合には，当該要求内容の重大性等に応じて，現場における一次的な対応方法，本社等における危機対応チームの設置といった手順が事前に整理されていること。
○　独立社外取締役にも，有事に関する必要な情報が適切に報告されること。経営陣から独立した立場で，会社と経営陣との間の利益相反が適切に監督されること。
○　自社及び企業集団に不利な事情を含め関係証拠を保全し，ヒアリング等実施した上で，贈賄行為の可能性が高いと判断される場合は，捜査機関への通報や自首を検討すること。
○　事態収束後は，原因究明を行い，企業集団としての再発防止策を検討すること。

　以上の内容を参考として，各企業において，新たに防止体制の導入や大幅な見直しを検討するにあたっては，その全面的な実施が困難な場合も想定される。その場合には，企業規模・業種，既存の体制，国際商取引との関係，実効性等に加え，企業が外国公務員贈賄罪に問われるリスクの大きさを勘案した上で，各企業の責任により，緊急的な対応として特に必要な項目を優先的に実施すべきである[41]。

5．その他
　外国公務員贈賄問題は，一企業のみで，外国公務員等の賄賂要求を不利益も

---

[41]　内閣府国民生活局の調査によると，企業における内部通報制度の導入割合は増加傾向にあり，内部統制の重要性について意識の高まりが見られる。

覚悟して拒絶するといった適切な対応を講じることが困難な場合も多い。

　このような場合には，現地日本大使館・領事館の日本企業支援窓口や独立行政法人日本貿易振興機構（ジェトロ），現地商工会議所等に相談をするほか，これらの機関を通じて，事前に又は事後に，特定・不特定の公務員の明示又は黙示の賄賂要求を停止するよう現地政府に要求することも考えられる。

　また，開発協力事業に関しては，外務省及び独立行政法人国際協力機構（JICA）に設置された不正腐敗情報相談窓口に相談をするほか，寄せられた情報を基にこれらの機関が現地政府と協議を行うことも考えられる[42]。

　他方で，日本政府としては，日本企業を支援する観点から，現地日系企業から要請があった場合には，迅速に現地政府に申し入れることが期待されるとともに，日本企業にとってのリスク判断の材料となるよう，そのような申し入れ状況及びその対応状況を国毎に公表することを，今後関係省庁と検討する。

42　外務省の不正腐敗情報相談窓口は，https://www3.mofa.go.jp/mofaj/gaiko/oda/fusei/。
JICAの不正腐敗情報相談窓口は，https://www2.jica.go.jp/ja/odainfo/index.php。

公益通報者保護法を踏まえた内部通報制度の整備・運用に関する民間事業者向けガイドライン

平成28年12月9日

消　費　者　庁

Ⅰ．内部通報制度の意義等

1．事業者における内部通報制度の意義

　公益通報者保護法を踏まえ，事業者が実効性のある内部通報制度を整備・運用することは，組織の自浄作用の向上やコンプライアンス経営の推進に寄与し，消費者，取引先，従業員，株主・投資家，債権者，地域社会等を始めとするステークホルダーからの信頼獲得に資する等，企業価値の向上や事業者の持続的発展にもつながるものである。

　また，内部通報制度を積極的に活用したリスク管理等を通じて，事業者が高品質で安全・安心な製品・サービスを提供していくことは，企業の社会的責任を果たし，社会経済全体の利益を確保する上でも重要な意義を有する。

2．経営トップの責務

　公正で透明性の高い組織文化を育み，組織の自浄作用を健全に発揮させるためには，単に仕組みを整備するだけではなく，経営トップ自らが，経営幹部及び全ての従業員に向け，例えば，以下のような事項について，明確なメッセージを継続的に発信することが必要である。

　　　▷コンプライアンス経営推進における内部通報制度の意義・重要性
　　　▷内部通報制度を活用した適切な通報は，リスクの早期発見や企業価値の向上に資する正当な職務行為であること
　　　▷内部規程や公益通報者保護法の要件を満たす適切な通報を行った者に対する不利益な取扱いは決して許されないこと
　　　▷通報に関する秘密保持を徹底するべきこと
　　　▷利益追求と企業倫理が衝突した場合には企業倫理を優先するべきこと
　　　▷上記の事項は企業の発展・存亡をも左右し得ること

3．本ガイドラインの目的と性格

　本ガイドラインは，公益通報者保護法を踏まえて，事業者のコンプライアンス経営への取組を強化し，社会経済全体の利益を確保するために，事業者が自主的に取り組むことが推奨される事項を具体化・明確化し，従業員等からの法

令違反等の早期発見・未然防止に資する通報を事業者内において適切に取り扱うための指針を示すものである。

　なお，本ガイドラインは，各事業者において一層充実した通報対応の仕組みを整備・運用することや各事業者の規模や業種・業態等の実情に応じた適切な取組を行うことを妨げるものではない。

II．内部通報制度の整備・運用
1．内部通報制度の整備
（1）通報対応の仕組みの整備
（仕組みの整備）

○　通報の受付から調査・是正措置の実施及び再発防止策の策定までを適切に行うため，経営幹部を責任者とし，部署間横断的に通報を取り扱う仕組みを整備するとともに，これを適切に運用することが必要である。

　　また，経営幹部の役割を内部規程等において明文化することが適当である。

（通報窓口の整備）

○　通報窓口及び受付の方法を明確に定め，それらを経営幹部及び全ての従業員に対し，十分かつ継続的に周知することが必要である。

（通報窓口の拡充）

○　通報窓口を設置する場合には，例えば，以下のような措置を講じ，経営上のリスクに係る情報を把握する機会の拡充に努めることが適当である。

▷法律事務所や民間の専門機関等に委託する（中小企業の場合には，何社かが共同して委託することも考えられる）等，事業者の外部に設置すること

▷労働組合を通報窓口として指定すること

▷グループ企業共通の一元的な窓口を設置すること

▷事業者団体や同業者組合等の関係事業者共通の窓口を設置すること

○　また，対象としている通報内容や通報者の範囲，個人情報の保護の程度等を確認の上，必要に応じ，既存の通報窓口を充実させて活用することも可能である。

（関係事業者全体における実効性の向上）

○　企業グループ全体やサプライチェーン等におけるコンプライアンス経営を推進するため，例えば，関係会社・取引先を含めた内部通報制度を整備することや，関係会社・取引先における内部通報制度の整備・運用状況を定期的に確認・評価した上で，必要に応じ助言・支援をすること等が適当である。

（通報窓口の利用者等の範囲の拡充）

○ コンプライアンス経営を推進するとともに，経営上のリスクに係る情報の早期把握の機会を拡充するため，通報窓口の利用者及び通報対象となる事項の範囲については，例えば，以下のように幅広く設定することが適当である。

▷通報窓口の利用者の範囲：従業員（契約社員，パートタイマー，アルバイト，派遣社員等を含む）のほか，役員，子会社・取引先の従業員，退職者等

▷通報対象となる事項の範囲：法令違反のほか，内部規程違反等

（内部規程の整備）

○ 内部規程に通報対応の仕組みについて規定し，特に，通報者に対する解雇その他不利益な取扱いの禁止及び通報者の匿名性の確保の徹底に係る事項については，十分に明記することが必要である。

（2）経営幹部から独立性を有する通報ルート

○ コンプライアンス経営の徹底を図るため，通常の通報対応の仕組みのほか，例えば，社外取締役や監査役等への通報ルート等，経営幹部からも独立性を有する通報受付・調査是正の仕組みを整備することが適当である。

（3）利益相反関係の排除

○ 内部通報制度の信頼性及び実効性を確保するため，受付担当者，調査担当者その他通報対応に従事する者及び被通報者（その者が法令違反等を行った，行っている又は行おうとしていると通報された者をいう。以下同じ。）は，自らが関係する通報事案の調査・是正措置等に関与してはならない。

○ また，通報の受付や事実関係の調査等通報対応に係る業務を外部委託する場合には，中立性・公正性に疑義が生じるおそれ又は利益相反が生じるおそれがある法律事務所や民間の専門機関等の起用は避けることが必要である。

（4）安心して通報ができる環境の整備

（従業員の意見の反映等）

○ 内部通報制度の整備・運用に当たっては，従業員の意見・要望を反映したり，他の事業者の優良事例を参照したりする等，従業員が安心して通報・相談ができる実効性の高い仕組みを構築することが必要である。

（環境整備）

○ 経営上のリスクに係る情報が，可能な限り早期にかつ幅広く寄せられるようにするため，通報窓口の運用に当たっては，敷居が低く，利用しやすい環境を整備することが必要である。

○ 通報窓口の利用者の疑問や不安を解消するため，各事業者の通報の取扱いや通報者保護の仕組みに関する質問・相談に対応することが必要である。相談対応は事業者の実情に応じて，通報窓口において一元的に対応することも可能である。

○ 内部通報制度の運用実績（例えば，通報件数，対応結果等）の概要を，個人情報保護等に十分配慮しつつ従業員に開示することにより，制度の実効性に対する信頼性を高めることが必要である。

（仕組みの周知等）

○ 通報対応の仕組みやコンプライアンス経営の重要性のみならず，公益通報者保護法について，社内通達，社内報，電子メール，社内電子掲示板，携帯用カード等での広報の実施，定期的な研修の実施，説明会の開催等により，経営幹部及び全ての従業員に対し，十分かつ継続的に周知・研修をすることが必要である。同様に，本ガイドラインの内容について十分かつ継続的に周知・研修をすることが望ましい。

（透明性の高い職場環境の形成）

○ 実効性の高い内部通報制度を整備・運用するとともに，職場の管理者等（通報者等の直接又は間接の上司等）に相談や通報が行われた場合に適正に対応されるような透明性の高い職場環境を形成することが重要である。

○ 実効性の高い内部通報制度を整備・運用することは，組織内に適切な緊張感をもたらし，通常の報告・連絡・相談のルートを通じた自浄作用を機能させ，組織運営の健全化に資することを，経営幹部及び全ての従業員に十分に周知することが重要である。

2．通報の受付

（通報受領の通知）

○ 書面や電子メール等，通報者が通報の到達を確認できない方法によって通報がなされた場合には，速やかに通報者に対し，通報を受領した旨を通知することが望ましい。ただし，通報者が通知を望まない場合，匿名による通知であるため通報者への通知が困難である場合その他やむを得ない理由がある場合はこの限りでない（次項及びⅡ3（2）に規定する通知においても，同様とする。）。

（通報内容の検討）

○ 通報を受け付けた場合，調査が必要であるか否かについて，公正，公平かつ誠実に検討し，今後の対応について，通報者に通知するよう努めることが必要である。

3．調査・是正措置

（1） 調査・是正措置の実効性の確保

（調査・是正措置のための体制整備）

○ 調査・是正措置の実効性を確保するため，担当部署には社内における調査権限と独立性を付与するとともに，必要な人員・予算等を与えることが必要である。

（調査への協力等）

○ 従業員等は，担当部署による調査に誠実に協力しなければならないこと，調査を妨害する行為はしてはならないこと等を，内部規程に明記することが必要である。

（是正措置と報告）

○ 調査の結果，法令違反等が明らかになった場合には，速やかに是正措置及び再発防止策を講じるとともに，必要に応じ関係者の社内処分を行う等，適切に対応することが必要である。また，さらに必要があれば，関係行政機関への報告等を行うことが必要である。

（第三者による検証・点検等）

○ 通報対応の状況について，中立・公正な第三者等による検証・点検等を行い，調査・是正措置の実効性を確保することが望ましい。

（担当者の配置・育成等）

○ 実効性の高い内部通報制度を運用するためには，通報者対応，調査，事実認定，是正措置，再発防止，適正手続の確保，情報管理，周知啓発等に係る担当者の誠実・公正な取組と知識・スキルの向上が重要であるため，必要な能力・適性を有する担当者を配置するとともに，十分な教育・研修を行うことが必要である。

○ 内部通報制度の運営を支える担当者の意欲・士気を発揚する人事考課を行う等，コンプライアンス経営推進に対する担当者の貢献を，積極的に評価することが適当である。

（2）調査・是正措置に係る通知

（調査に係る通知）

○ 調査中は，調査の進捗状況について，被通報者や当該調査に協力した者（以下「調査協力者」という。）等の信用，名誉及びプライバシー等に配慮しつつ，適宜，通報者に通知するとともに，調査結果について可及的速やかに取りまとめ，通報者に対して，その調査結果を通知するよう努めることが必要である。

（是正措置に係る通知）

○ 是正措置の完了後，被通報者や調査協力者等の信用，名誉及びプライバシー等に配慮しつつ，速やかに通報者に対して，その是正結果を通知するよう努めることが必要である。

（通報者等に対する正当な評価）

○ 通報者や調査協力者（以下「通報者等」という。）の協力が，コンプライアンス経営の推進に寄与した場合には，通報者等に対して，例えば，経営トップ等からの感謝を伝えることにより，組織への貢献を正当に評価することが適当である。なお，その際には，窓口担当者を介して伝達する等，通報者等の匿名性の確保には十分に留意することが必要である。

Ⅲ．通報者等の保護

１．通報に係る秘密保持の徹底

（1）秘密保持の重要性

○ 通報者の所属・氏名等が職場内に漏れることは，それ自体が通報者に対する重大な不利益になり，ひいては通報を理由とする更なる不利益な取扱いにもつながるおそれがある。また，内部通報制度への信頼性を損ない，経営上のリスクに係る情報の把握が遅延する等の事態を招くおそれがある。

　このため，以下のような措置を講じ，通報に係る秘密保持の徹底を図ることが重要である。

▷情報共有が許される範囲を必要最小限に限定する

▷通報者の所属・氏名等や当該事案が通報を端緒とするものであること等，通報者の特定につながり得る情報は，通報者の書面や電子メール等による明示の同意がない限り，情報共有が許される範囲外には開示しない

▷通報者の同意を取得する際には，開示する目的・範囲，氏名等を開示することによって生じ得る不利益について明確に説明する

▷何人も通報者を探索してはならないことを明確にする

▷これらのことを，経営幹部及び全ての従業員に周知徹底する

○　なお，実効的な調査・是正措置を行うために，経営幹部や調査協力者等に対して通報者の特定につながり得る情報を伝達することが真に不可欠である場合には，通報者からの上記同意を取得することに加えて，
　　▷伝達する範囲を必要最小限に限定する
　　▷伝達する相手にはあらかじめ秘密保持を誓約させる
　　▷当該情報の漏えいは懲戒処分等の対象となる旨の注意喚起をする等の措置を講じることが必要である。

（2）外部窓口の活用
（外部窓口の整備）
○　通報者の匿名性を確保するとともに，経営上のリスクに係る情報を把握する機会を拡充するため，可能な限り事業者の外部（例えば，法律事務所や民間の専門機関等）に通報窓口を整備することが適当である。

（外部窓口担当者の秘密保持）
○　通報に係る秘密の保護を図るため，
　　▷外部窓口担当者による秘密保持の徹底を明確にする
　　▷通報者の特定につながり得る情報は，通報者の書面や電子メール等による明示の同意がない限り，事業者に対しても開示してはならないこととする
　　等の措置を講じることが必要である。

（外部窓口の評価・改善）
○　外部窓口の信頼性や質を確保するため，外部窓口の運用状況について，
　　▷中立・公正な第三者等による点検
　　▷従業員への匿名のアンケート
　　等を定期的に行い，改善すべき事項の有無を把握した上で，必要な措置を講じることが望ましい。

（3）通報の受付における秘密保持
（個人情報の保護）
○　通報の受付方法としては，電話，FAX，電子メール，ウェブサイト等，様々な手段が考えられるが，通報を受け付ける際には，専用回線を設ける，勤務時間外に個室や事業所外で面談する等の措置を適切に講じ，通報者の秘密を守ることが必要である。
○　また，例えば，以下のような措置を講じ，個人情報保護の徹底を図ることが必要である。

▷通報事案に係る記録・資料を閲覧することが可能な者を必要最小限に限定する

▷通報事案に係る記録・資料は施錠管理する

▷関係者の固有名詞を仮称表記にする

○　なお，通報に係る情報を電磁的に管理している場合には，さらに，以下のような情報セキュリティ上の対策を講じ，個人情報保護の徹底を図ることが望ましい。

▷当該情報を閲覧することが可能な者を必要最小限に限定する

▷操作・閲覧履歴を記録する

（通報者本人による情報管理）

○　通報者本人からの情報流出によって通報者が特定されることを防止するため，自身が通報者であること等に係る情報管理の重要性を，通報者本人にも十分に理解させることが望ましい。

（匿名通報の受付と実効性の確保）

○　個人情報保護の徹底を図るとともに通報対応の実効性を確保するため，匿名の通報も受け付けることが必要である。その際，匿名の通報であっても，通報者と通報窓口担当者が双方向で情報伝達を行い得る仕組みを導入することが望ましい。

（4）調査実施における秘密保持

（調査と個人情報の保護）

○　通報者等の秘密を守るため，調査の実施に当たっては，通報者等の特定につながり得る情報（通報者の所属・氏名等，通報者しか知り得ない情報，調査が通報を端緒とするものであること等）については，真に必要不可欠ではない限り，調査担当者にも情報共有を行わないようにする等，通報者等が特定されないよう，調査の方法に十分に配慮することが必要である。

○　通報者等が特定されることを困難にするため，調査の端緒が通報であることを関係者に認識させないよう，例えば，以下のような工夫を講じることが必要である。

▷定期監査と合わせて調査を行う

▷抜き打ちの監査を装う

▷該当部署以外の部署にもダミーの調査を行う

▷核心部分ではなく周辺部分から調査を開始する

▷組織内のコンプライアンスの状況に関する匿名のアンケートを，全ての従業員を対象に定期的に行う

２．解雇その他不利益な取扱いの禁止
（解雇その他不利益な取扱いの禁止）
○ 内部規程や公益通報者保護法の要件を満たす通報や通報を端緒とする調査に協力（以下「通報等」という。）をしたことを理由として，通報者等に対し，解雇その他不利益な取扱いをしてはならない。

○ 前項に規定するその他不利益な取扱いの内容としては，具体的には，以下のようなものが考えられる。
　▷従業員たる地位の得喪に関すること（退職願の提出の強要，労働契約の更新拒否，本採用・再採用の拒否，休職等）
　▷人事上の取扱いに関すること（降格，不利益な配転・出向・転籍・長期出張等の命令，昇進・昇格における不利益な取扱い，懲戒処分等）
　▷経済待遇上の取扱いに関すること（減給その他給与・一時金・退職金等における不利益な取扱い，損害賠償請求等）
　▷精神上生活上の取扱いに関すること（事実上の嫌がらせ等）

○ 通報等をしたことを理由として，通報者等が解雇その他不利益な取扱いを受けたことが判明した場合，適切な救済・回復の措置を講じることが必要である。
（違反者に対する措置）
○ 通報等をしたことを理由として解雇その他不利益な取扱いを行った者に対しては，懲戒処分その他適切な措置を講じることが必要である。
　また，通報等に関する秘密を漏らした者及び知り得た個人情報の内容をみだりに他人に知らせ，又は不当な目的に利用した者についても同様とすることが必要である。
（予防措置）
○ 被通報者が，通報者等の存在を知り得る場合には，被通報者が通報者等に対して解雇その他不利益な取扱いを行うことがないよう，被通報者に対して，上記事項に関する注意喚起をする等の措置を講じ，通報者等の保護の徹底を図ることが必要である。

３．自主的に通報を行った者に対する処分等の減免
○ 法令違反等に係る情報を可及的速やかに把握し，コンプライアンス経営の推進を図るため，法令違反等に関与した者が，自主的な通報や調査協力を

する等，問題の早期発見・解決に協力した場合には，例えば，その状況に応じて，当該者に対する懲戒処分等を減免することができる仕組みを整備することも考えられる。

IV. 評価・改善等

1. フォローアップ

（通報者等に係るフォローアップ）

○ 通報者等に対し，通報等を行ったことを理由とした解雇その他不利益な取扱いが行われていないか等を確認する等，通報者等の保護に係る十分なフォローアップを行うことが必要である。その結果，解雇その他不利益な取扱いが認められる場合には，経営幹部が責任を持って救済・回復するための適切な措置を講じることが必要である。

（是正措置に係るフォローアップ）

○ 是正措置等の終了後，法令違反等が再発していないか，是正措置及び再発防止策が十分に機能しているかを確認するとともに，必要に応じ，通報対応の仕組みを改善することや，新たな是正措置及び再発防止策を講じることが必要である。

（グループ企業等に係るフォローアップ）

○ 関係会社・取引先からの通報を受け付けている場合において，通報者等が当該関係会社・取引先の従業員である場合には，通報に係る秘密保持に十分配慮しつつ，可能な範囲で，当該関係会社・取引先に対して，通報者等へのフォローアップや保護を要請する等，当該関係会社・取引先において通報者等が解雇その他不利益な取扱いを受けないよう，必要な措置を講じることが望ましい。

　　また，当該関係会社・取引先に対して，是正措置及び再発防止策が十分に機能しているかを確認する等，必要な措置を講じることが望ましい。

2. 内部通報制度の評価・改善

（評価・改善）

○ 内部通報制度の実効性を向上させるため，例えば，
　　▷整備・運用の状況・実績
　　▷周知・研修の効果
　　▷従業員等の制度への信頼度
　　▷本ガイドラインに準拠していない事項がある場合にはその理由
　　▷今後の課題

　等について，内部監査や中立・公正な第三者等を活用した客観的な評価・点検を定期的に実施し，その結果を踏まえ，経営幹部の責任の下で，制度を継続的に改善していくことが必要である。

（ステークホルダーへの情報提供）

○　各事業者における内部通報制度の実効性の程度は，自浄作用の発揮を通じた企業価値の維持・向上にも関わるものであり，消費者，取引先，従業員，株主・投資家，債権者，地域社会等のステークホルダーにとっても重要な情報であるため，内部通報制度の評価・点検の結果を，CSR報告書やウェブサイト等において積極的にアピールしていくことが適当である。

case一覧

case 番号	内 容	特定犯罪 関連法令・条文	頁
1	あなた（X）は甲会社の代表取締役です。甲会社は，日本国内の乙会社，丙国の企業である丁会社とともに，丙国において業務提携により事業を行っていましたが，甲会社従業員A・乙会社従業員B・丁会社従業員Cは共謀して，事業受注のために，丙国の政府高官Dに多額の賄賂を渡していました。ある日，甲会社の法務部長からあなたのところに次のような報告と相談がありました。「検察官から当社の担当者のところに，刑事訴訟法350条の2に定める合意制度（「司法取引」）の適用についての相談があった。検察官によると，検察庁は外国公務員への贈賄について甲会社及び乙会社を対象として捜査しているが，乙会社及び同社従業員Bに関する捜査に協力する見返りに当社（甲会社）担当者Aの犯罪について有利な取扱いをするとのことである。ただし，有利な取扱いをする対象はAであって当社自身は有利な取扱いをする対象となっておらず，当社は不正競争防止法（外国公務員への贈賄）により起訴される可能性があるとのことである。どのように対応したらよいか。」	不正競争防止法18条（外国公務員贈賄罪）	3
2	甲会社の事業部長であるAは，公共工事の施工管理について，自社に有利な取り計らいを受けようと，代表取締役社長にも秘したまま，入札を担当する乙県の土木事務所の課長であるBに対して，30万円の賄賂を贈りました。 　Bに対する賄賂の交付は現金でなされており，甲会社の預金口座・帳簿上，一見して不審なお金の動きはありませんでした。AがBに渡した現金は，Aが部下のCに命じ，甲会社の取引先名義の架空の取引伝票を作成するなどして準備されていました。 　甲会社は，自社関係者らに贈賄の嫌疑がかけられていることを知り，コンプライアンス担当取締役であるあなた（X）に社内調査を依頼しました。その結果，Aは，贈賄の事実や，部下に命じて伝票操作等を行い，贈賄のための資金捻出工作を行ったことを認め，Aに指示された部下Cもこれを認めました。 　あなたは，事実関係を明らかにし，不正行為と決別を図ろうと考え，代表取締役社長と協議の上，A・Cを説得し司法取引制度を活用することを検討しています。	刑法197〜198条（贈収賄等），刑法159条（私文書偽造罪）	13

case 番号	内　容	特定犯罪 関連法令・条文	頁
3	あなた（X）は甲会社のコンプライアンス担当です。 　甲会社の取締役であるA（海外事業部長）は同じ部署の部下Bに命じて乙国の公務員Cに対して賄賂を提供し，乙国での事業について便宜を図ってもらっていました。 　Aおよびその部下Bによる贈賄行為は，まだ本人たちしか知りません。	不正競争防止法18条1項，21条2項7号，両罰規定:22条1項3号（外国公務員贈賄）	33
4	証券会社である甲会社の支店長Aは，自身のアドバイスに従った支店の大口優良顧客Oにデリバティブ取引で多額の損害を負わせてしまいました。Aは，Oから強いクレームを受け，Oに多額の損害を与えたことが発覚すれば，甲会社内での自身の将来が危うくなると考え，部下であるBに対して，Oの損失を補填する方法を考案するよう指示しました。当初，Bは，損失補填は違法であるとしてこれを渋りましたが，AはBに対して，「これまでかばってきてやったのに，命令が聞けないのか」などと厳しく叱責するなどし，Bに指示して，B担当の顧客Pに対し，「当社本社で大口優良顧客を対象に内々に証券運用を行っている。投資すれば毎月高率の配当金を確実に受け取れる。」などと嘘を言わせてPから多額の金銭を騙し取らせ，この金銭でOの損失補填を実行させました。 　これを皮切りに，AはBに指示して，今度は顧客Pに対する毎月の配当名目で交付する金銭のための資金を捻出するためにB担当の他の顧客Qからも同様の手口で金銭を騙し取り，以後，同様にB担当の複数の顧客やBの多数の知人等を対象に，いわゆる自転車操業の形で同様の行為を繰り返しました。また，AはBが騙し取ってきた現金の一部を遊興にも使いこんでいました。 　この事実の一部が，顧客Rの本社への問い合わせを契機に甲会社コンプライアンス担当取締役であるあなた（X）の知るところとなりました。なお，あなたが知った時点では，上記損失補填行為は時効になっていました。 　あなたは，司法取引についてどのように考えればよいでしょうか。	刑法246条1項（詐欺罪），金融商品取引法39条1項3号，198条の3（損失補填）	78

case 番号	内　容	特定犯罪 関連法令・条文	頁
5	食品メーカーである甲会社では，長年にわたって，品質（原産地）について虚偽の表示がなされていました。 　匿名の内部通報により，コンプライアンス担当取締役であるあなた（X）は，甲会社において品質偽装がなされていることを知りました。あなたが早速社内で調査を行った結果，この品質偽装は，製造部担当取締役Aの主導で行われ，現場の課長Bやその他の部署内の従業員は偽装を認識していたものの，やむなくAの指示に従っていたことがわかりました。もっとも，Aは，社内の調査において，品質偽装を部下に指示したことを否定しています。 　あなたは，司法取引についてどのように考えればよいでしょうか。	不正競争防止法2条1項14号，21条2項1号，両罰規定：22条1項3号（不正競争行為，品質偽装）	84
6	建設調査，計画，設計，施工監理などを業務とする甲会社には，海外事業を担当する国際部が設置されています。税務当局（日本）による税務調査の際の指摘で，甲会社内に多額の使途不明金があることが発覚しました。甲会社のコンプライアンス担当取締役であるあなた（X）が社内調査を行ったところ，国際部の担当取締役であるAが部下であるBに指示して，乙国における公益事業を受注するために，同国の公務員Cに対して，賄賂を提供していたことが判明しました。 　あなたは，司法取引についてどのように考えればよいでしょうか。	不正競争防止法18条1項，21条2項7号，両罰規定：22条1項3号（外国公務員贈賄）	88
7	甲会社は，国内外に多数の関連会社を有する上場企業で，現代表取締役Aの息子であるBが最高財務責任者（CFO）を務めています。あなた（X）は，今後の海外展開の戦略を担当するため，他社からヘッドハンティングによって今回甲会社の取締役に選任されました。 　あなたが甲会社の海外の関連会社の状況を詳しく調査すると，甲会社が社運をかけて進出したタイの子会社乙が毎年多額の赤字を計上しているにもかかわらず，Bの経理担当者Cに対する指示により，これが連結決算に組み込まれておらず，甲会社において巨額の粉飾決算がなされている事実を把握しました。さらには，Bは，あなたの調査に協力しない上，Cに口止め工作を行っています。 　あなたは，司法取引についてどのように考えればよいでしょうか。	金融商品取引法197条1項，両罰規定：207条1項1号（有価証券報告書虚偽記載）	97

case 番号	内　容	特定犯罪 関連法令・条文	頁
8	上場企業である甲会社の法務部に所属するAは，社内に秘匿していた業務上のミスを反社関係者Bに知られ，会社にミスをばらされたくなければ，株価に影響する企業秘密を教えるよう要求されました。Aは，法務部で仕事をしている中で，甲会社の今年度の業績が予想より大幅に悪化している重要事実を知ったことから，この重要事実が公表される前に，Bに教え，BはAの情報に基づいて甲会社の株式を大量に空売りして利益を得ました。 　Aは，その後もBから執拗な脅しと要求を受け続けたため，社内リニーエンシー制度を使い，上記事実を通報し，コンプライアンス担当取締役であるあなた（X）の知るところとなりました。 　あなたは，司法取引についてどのように考えればよいでしょうか。	金融商品取引法166条　3　項，197条の2第13号，167条の2第1項，197条の2第14号（インサイダー取引等）	103
9	上場企業である甲会社の代表取締役Aは，営業部長である取締役Cに指示し，Aの息子Bが代表取締役を務める乙会社に対し，Bと共謀して，不当に廉価で甲会社製品を卸させていました。Aは，この廉価販売の報酬として，乙会社の裏金からいわゆるキックバックの支払を受けていました。 　Cが，社内リニーエンシー制度を備える内部通報制度を通じて通報したため，甲会社のコンプライアンス担当取締役であるあなた（X）は，上記の事実を知りました。 　あなたは，司法取引についてどのように考えればよいでしょうか。	会社法960条3号（特別背任罪）	109
10	建設会社である甲会社の代表取締役社長Aは，法人税額を少なくするために実態のない乙会社および丙会社を設立し，甲会社の関連会社の従業員Bを両会社の代表取締役に据え，両会社に架空の発注をして外注費を計上するスキームを考案しました。 　AはBに事情を説明して協力させ，架空発注の具体的な実行を甲会社の事業部長Cに指示しました。Aの指示に従い，Cは架空の外注費を計上し，乙会社および丙会社への送金等を実行しました。Aは，両会社に外注費として多額の金員をプールし，プール金の一部を私的に使ったほか，プール金の中から，Bに対する報酬を支払いました。外注費増額分により甲会社は所得が減少し，その分の法人税を免れました。 　甲会社の経理を所管する代表取締役副社長であるあなた（X）は，上記の脱税の事実を知りませんでしたが，監査法人から，甲会社の乙会社および丙会社に対する外注費について疑義がある旨の指摘を受けました。甲会社，A，B，Cに司法取引が成立する可能性はあるでしょうか。それを踏まえて，甲会社やあなたは，司法取引も含め，どのように行動すべきでしょうか。	法人税法159条，両罰規定：163条（いわゆる脱税行為）	112

case 番号	内　容	特定犯罪 関連法令・条文	頁
11	大手ゼネコンである甲会社は，乙県発注のO工事に関し，公共工事担当部門B部長が中心になって，大手の同業他社数社（丙会社，丁会社）と事前に受注事業者や受注金額の調整を行っていました。 　匿名の内部通報があり，甲会社の代表取締役Aは，Bによる入札談合行為を知りました。Aは，直ちに顧問弁護士らと協議し，社内調査を行った結果，同様の入札談合が2年間にわたり行われていたことが発覚し，さらには，すでに丙会社が，公正取引委員会に違反の報告をしていることが判明しました。なお，未だ公正取引委員会の調査は開始されていません。 　Aは，他の取締役と協議し，直ちに，課徴金の減額を受けるため公正取引委員会に違反内容を自主的に報告することを決めましたが，司法取引を行って，甲会社に有利な取扱いを受けられるのであれば，司法取引も検討したいと考えています。この場合，司法取引を利用するメリットはあるでしょうか。	独占禁止法89条1項1号，3条，両罰規定：95条1項1号（不当な取引制限の罪）	120
12	甲会社は先端事業として有機繊維を取り扱っています。甲会社の取締役Aの指示を受けて，その部下である社員Bは，有機繊維を使用した製品を無許可で乙国に輸出しました。 　BがAや甲会社を「他人」とする司法取引を検察官に打診した場合，検察官が応じる可能性はあるでしょうか。	外国為替及び外国貿易法69条の6以下，両罰規定：72条（外為法違反）	129
13	甲会社の社員Aは，取引先の乙が胴元となり常習的に競馬によるいわゆる「ノミ行為」を行って不法な利益を上げていることを知りながら，乙がノミ行為を行う事務所の清掃を請け負って，その代金を受領していました。 　Aが甲会社を「他人」とする司法取引を検察官に打診した場合，検察官が応じる可能性はあるでしょうか。	競馬法30条，組織的な犯罪の処罰及び犯罪収益の規制等に関する法律11条，両罰規定17条（犯罪収益収受罪）	131
14	甲会社と乙会社は，業務提携して，丙国において大型建設工事を行っており，甲会社の社員Aと乙会社の社員Bは共謀して，丙国の公務員Cに賄賂を渡しました。 　Bが，甲会社およびAを「他人」とする司法取引を検察官に打診した場合，検察官が応じる可能性はあるでしょうか。	不正競争防止法18条1項，21条2項7号，両罰規定：22条1項3号（外国公務員贈賄）	133

特定犯罪一覧

「特定犯罪」とは，次に掲げる罪（死刑又は無期の懲役若しくは禁錮に当たるものを除く。）をいう。

No.	法律／条文	罪	根拠条文
1	刑法		刑事訴訟法（刑訴法）350条の2第2項1号
2	96条	封印等破棄	
3	96条の2	強制執行妨害目的財産損壊等	
4	96条の3	強制執行行為妨害等	
5	96条の4	強制執行関係売却妨害	
6	96条の5	加重封印等破棄等	
7	96条の6	公契約関係競売等妨害	
8	155条	公文書偽造等[※1]	
9	157条	公正証書原本不実記載等	
10	158条	偽造公文書行使等[※2]	
11	159条	私文書偽造等	
12	160条	虚偽診断書等作成	
13	161条	偽造私文書等行使	
14	161条の2	電磁的記録不正作出及び供用	
15	162条	有価証券偽造等	
16	163条	偽造有価証券行使等	
17	163条の2	支払用カード電磁的記録不正作出等	
18	163条の3	不正電磁的記録カード所持	
19	163条の4	支払用カード電磁的記録不正作出準備	
20	163条の5	未遂罪（163条の2及び163条の4第1項の罪について）	
21	197条	収賄，受託収賄及び事前収賄	
22	197条の2	第三者供賄	
23	197条の3	加重収賄及び事後収賄	
24	197条の4	あっせん収賄	
25	198条	贈賄	
26	246条	詐欺	
27	246条の2	電子計算機使用詐欺	
28	247条	背任	
29	248条	準詐欺	
30	249条	恐喝	
31	250条	未遂罪（第37章詐欺及び恐喝の罪について）	
32	252条	横領	
33	253条	業務上横領	
34	254条	遺失物等横領	
35	103条	犯人蔵匿等	刑訴法350条の2第2項5号
36	104条	証拠隠滅等	
37	105条の2	証人等威迫	
38	組織的な犯罪の処罰及び犯罪収益の規制等に関する法律（「組織的犯罪処罰法」）		刑訴法350条の2第2項2号
39	3条1項1号	組織的な封印等破棄	

No.	法律／条文	罪	根拠条文
40	3条1項2号	組織的な強制執行妨害目的財産損壊等	
41	3条1項3号	組織的な強制執行行為妨害等	
42	3条1項4号	組織的な強制執行関係売却妨害	
43	3条1項13号	組織的な詐欺	
44	3条1項14号	組織的な恐喝	
45	4条	未遂罪※3	
46	10条	犯罪収益等隠匿	
47	11条	犯罪収益等収受	
48	7条	組織的な犯罪に係る犯人蔵匿等※4	刑訴法350条の2第2項5号
49	7条の2	証人等買収※5	
50	租税に関する法律		刑訴法350条の2第2項3号／平成30年3月22日 政令 第51号 の1号から48号
51	金融機関の信託業務の兼営等に関する法律		
52	私的独占の禁止及び公正取引の確保に関する法律		
53	農業協同組合法		
54	金融商品取引法		
55	消費生活協同組合法		
56	水産業協同組合法		
57	中小企業等協同組合法		
58	協同組合による金融事業に関する法律		
59	外国為替及び外国貿易法		
60	商品先物取引法		
61	投資信託及び投資法人に関する法律		
62	信用金庫法		
63	長期信用銀行法		
64	労働金庫法		
65	出資の受入れ，預り金及び金利等の取締りに関する法律		
66	補助金等に係る予算の執行の適正化に関する法律		
67	預金等に係る不当契約の取締に関する法律		
68	特許法		
69	実用新案法		
70	意匠法		
71	商標法		
72	金融機関の合併及び転換に関する法律		
73	著作権法		
74	特定商取引に関する法律		
75	銀行法		
76	貸金業法		
77	半導体集積回路の回路配置に関する法律		
78	特定商品等の預託等取引契約に関する法律		
79	不正競争防止法		
80	不動産特定共同事業法		
81	保険業法		

No.	法律／条文	罪	根拠条文
82	金融機関等の更生手続の特例等に関する法律		
83	種苗法		
84	資産の流動化に関する法律		
85	債権管理回収業に関する特別措置法		
86	民事再生法		
87	外国倒産処理手続の承認援助に関する法律		
88	公職にある者等のあっせん行為による利得等の処罰に関する法律		
89	農林中央金庫法		
90	入札談合等関与行為の排除及び防止並びに職員による入札等の公正を害すべき行為の処罰に関する法律		
91	会社更生法		
92	破産法		
93	信託業法		
94	会社法		
95	犯罪による収益の移転防止に関する法律		
96	株式会社商工組合中央金庫法		
97	資金決済に関する法律		
98	政令第51号各号に掲げる法律の罪のほか，次に掲げる罪（刑法の罪を除く。）		平成30年3月22日政令第51号の49号
99	イ　賄賂を収受し，又はその要求若しくは約束をした罪		
100	ロ　賄賂を収受させ，若しくは供与させ，又はその供与の要求若しくは約束をした罪		
101	ハ　不正の請託を受けて，財産上の利益を収受し，又はその要求若しくは約束をした罪		
102	ニ　イからハまでに掲げる罪に係る賄賂又は利益を供与し，又はその申込み若しくは約束をした罪		
103	ホ　任務に背く行為をし，他人に財産上の損害を加えた罪又はその未遂罪		
104	次に掲げる法律の罪		刑訴法350条の2第2項4号
105	イ　爆発物取締罰則		
106	ロ　大麻取締法		
107	ハ　覚せい剤取締法		
108	ニ　麻薬及び向精神薬取締法		
109	ホ　武器等製造法		
110	ヘ　あへん法		
111	ト　銃砲刀剣類所持等取締法		
112	チ　国際的な協力の下に規制薬物に係る不正行為を助長する行為等の防止を図るための麻薬及び向精神薬取締法等の特例等に関する法律		

※1　155条の例により処断すべき罪を含む。
※2　155条，同条の例により処断すべき場合，157条1項，2項に関するものに限る。
※3　3条1項13号，14号に関するものに限る。
※4　7条1項1号から3号に掲げる者に関するものに限る。
※5　刑事訴訟法350条の2第2項1号から4号に掲げる罪（特定犯罪）を本犯の罪とするものに限る。

ケーススタディ日本版司法取引制度
会社と社員を守る術　平時の備え・有事の対応

令和元年12月30日　第1刷発行

監　修　齊藤　雄彦

編　著　三浦　亮太・板崎　一雄

発　行　株式会社 **ぎょうせい**

〒136-8575　東京都江東区新木場1-18-11

電話　編集　03-6892-6508

営業　03-6892-6666

フリーコール　0120-953-431

URL:https://gyosei.jp

〈検印省略〉

印刷　ぎょうせいデジタル株式会社　　　　　　©2019 Printed in Japan

＊乱丁・落丁本はお取り替えいたします

＊禁無断転載・複製

ISBN978-4-324-10772-0

（5108586-00-000）

〔略号：司法取引〕